COLLECTION MICHEL LÉVY

ŒUVRES COMPLÈTES
D'HENRY MURGER

ŒUVRES
DE
HENRY MURGER

PARUES DANS LA COLLECTION MICHEL LÉVY

SCÈNES DE LA VIE DE BOHÈME	1 vol.
SCÈNES DE LA VIE DE JEUNESSE	1 —
LES VACANCES DE CAMILLE	1 —
LE PAYS LATIN	1 —
SCÈNES DE CAMPAGNE . , ...	1 —
LES BUVEURS D'EAU	1 —
LE DERNIER RENDEZ-VOUS	1 —
LE ROMAN DE TOUTES LES FEMMES	1 —
PROPOS DE VILLE ET PROPOS DE THÉATRE	1 —
LE SABOT ROUGE	1 —
MADAME OLYMPE	1 —

LES NUITS D'HIVER, poésies complètes, 2ᵉ édition. 1 vol. grand in-18.

LA VIE DE BOHÈME, comédie en cinq actes.
LE BONHOMME JADIS, comédie en un acte.
LE SERMENT D'HORACE, comédie en un acte.

BALLADES ET FANTAISIES, un joli vol. in-32.

Coulommiers. — Imprimerie de A. MOUSSIN.

LE
PAYS LATIN

PAR

HENRY MURGER

NOUVELLE ÉDITION

PARIS

MICHEL LÉVY FRÈRES, LIBRAIRES ÉDITEURS

RUE VIVIENNE, 2 BIS, ET BOULEVARD DES ITALIENS, 15

A LA LIBRAIRIE NOUVELLE

1864

—

Tous droits réservés

LE
PAYS LATIN

I

Vers les derniers jours du mois d'octobre, à l'époque de la rentrée des vacances, la *Poule-Noire*, lourde diligence qui faisait le service entre Joigny et Paris, déposa rue des Nonaindières un jeune homme qui, après avoir transporté sa malle dans un fiacre, se fit conduire place Saint-Sulpice, où il prit pied à terre dans un hôtel habité presque exclusivement par des professeurs et des ecclésiastiques. Ce jeune homme s'appelait Claude Bertolin et venait à Paris pour y étudier la médecine : il était né à Joigny, en Bourgogne, et avait un peu plus de vingt ans. Fils d'anciens commerçants qui avaient amassé une petite fortune, Claude était resté orphelin à l'époque de l'adolescence, et fut alors recueilli par son oncle, curé dans un petit village qui se mire au bord de l'Yonne et s'appelle Cézy. L'abbé Bertolin, devenu le tuteur de son neveu, se chargea de son éducation, et, pour mettre le jeune homme en état de choisir, quand le temps en serait venu, la profession qui pourrait le mieux convenir à ses goûts, il lui donna une instruction semblable à celle que les jeunes gens reçoivent dans les colléges; mais le vieux prêtre n'infusa point la science dans l'esprit de son pupille à la manière des professeurs qui la rendent si amère en employant avec tous leurs écoliers, quels que soient d'ailleurs les différences et le degré d'aptitude dans les intelligences, une méthode unique d'enseignement brutal. Ses classes terminées, il arriva donc que l'élève du curé savait ce qu'il avait appris, et le savait bien, comme on sait ordinairement les choses dont l'étude a été facile.

Les vœux de la mère de Claude avaient été de voir un jour son fils embrasser la carrière ecclésiastique; mais l'abbé Bertolin, qui n'avait pas toujours été sans inquiétudes sur la santé de son neveu, pensa que les austérités, les abstinences et toutes les fatigantes pratiques du noviciat seraient peut-être dangereuses pour Claude. Aussi employa-t-il toute son influence à détourner son élève de cette idée, à laquelle, tout jeune, celui-ci s'était particulièrement attaché, guidé peut-être par le désir qu'avait exprimé sa mère, et peut-être aussi par les instincts natifs qui attiraient Claude vers une vie de recueillement et de tranquillité.

L'abbé Bertolin avait pour ami le docteur Michelon, médecin à Joigny, qui n'est séparé du village de Cèzy que par la rivière de l'Yonne, fort étroite dans cet endroit et guéable pendant les beaux temps. Grâce à ce voisinage, le curé et le docteur se fréquentaient assidûment, et une fois par semaine ils dînaient l'un chez l'autre. Un soir, l'abbé consultant le médecin sur la profession qu'il devait donner à son neveu, le docteur Michelon lui indiqua la médecine et acheva la consultation par la confidence d'un projet qu'il avait conçu. Ce projet était simplement un mariage entre Claude et la fille du docteur, Mlle Angélique, une modeste et jolie personne qui avait été élevée dans un des meilleurs pensionnats de Sens, jouait du piano et dessinait à la sépia d'après les cahiers d'Hubert.

— Mais, dit l'abbé sans trop s'émouvoir de la position, avez-vous donc remarqué, docteur, que chose qui pût vous faire supposer une inclination entre ces deux jeunes gens? Mon neveu ou votre fille vous auraient-ils parlé dans ce sens?

— Aucunement, reprit le docteur. Claude, vous le savez, ne parle guère, et ma fille n'est point bavarde; mais j'ai des yeux, et j'ai vu.

— Quoi donc? dit l'abbé avec une nuance d'inquiétude.

— Rien qui soit de nature à vous effrayer, reprit M. Michelon en frappant familièrement sur les genoux du curé, rien qui ne soit bien simple et bien innocent. J'ai vu que nos deux enfants se regardaient beaucoup, d'où je conclus qu'un beau jour ils finiront par s'apercevoir. Et où serait le mal, curé? Connaîtriez-vous quelque obstacle à ce que votre neveu devînt mon gendre?

— Aucun; mais je dois vous rappeler que Claude n'est pas riche. Les frais de ses études et le temps qu'il passera à Paris emporteront la plus grosse part de ce que lui ont laissé ses parents, et ce qui en restera... ne fera pas grand'chose, car je ne suis pas riche non plus, et après ma mort...

— Sans reproche, curé, dit le médecin, faisant en sourdine une allusion aux charités particulières du prêtre, vous pourriez être plus à votre aise. Ainsi voilà six ans que vous méditez l'achat d'une étole neuve pour les fêtes carillonnées ; cependant je parie qu'à la Noël prochaine vous direz encore la grand'-messe avec la vieille.

— Que voulez-vous, docteur? répliqua l'abbé, la fabrique n'est pas riche non plus, et quand viendront les neiges de Noël, le bon pasteur, mon maître, aimera mieux, j'en suis sûr, un chaud vêtement de futaine sur le dos d'un pauvre qu'une étole de soie et d'or sur l'épaule de son serviteur.

— Après tout, reprit M. Michelon en revenant à son idée, pensez-vous donc que je donne un million de dot à ma fille? Point, s'il vous plaît ; elle n'aura guère plus que votre neveu : un clos de vingt futailles et quelques milliers d'écus, voilà tout ce que je mettrai en bas du contrat de mariage d'Angélique. Claude a la petite maison de ses parents, à Saint-Aubin, et quelques sous dans le fond de votre tiroir ; quand il sera reçu médecin, je lui céderai ma clientèle, si Dieu me la conserve. Eh bien! avec tout cela, ces enfants auront de quoi vivre auprès de nous. Et si l'épidémie de santé qui règne dans ce pays-ci fait les trois quarts du temps une sinécure de l'état de médecin, Claude aura toujours la ressource de se faire vigneron, l'état naturel des Bourguignons, un joli état quand on a le soleil pour soi, et qu'on sait acheter les tonneaux à bon compte. Pas vrai, l'abbé? Eh bien ! que dites-vous de ma proposition ?

— Je parlerai à Claude, répondit le curé en mettant un doigt sur sa bouche pour indiquer au docteur qu'il fallait causer d'autre chose, car Angélique venait d'entrer dans la chambre, apportant le damier que son père lui avait demandé pour faire sa partie avec l'abbé, qui le gagnait obstinément. La jeune fille avait un air tout mélancolique, et se retira silencieusement dans sa chambre, après avoir allumé la lampe. En poussant les premiers pions, l'abbé dit au docteur :

— Qu'a donc votre fille ce soir? Elle paraît triste.

—Elle est fâchée. Je vous prends deux pions, l'abbé.

— Je me fais prendre exprès.

—Fâchée... et contre qui?

—Contre vous, répliqua le docteur en préparant sournoisement un coup dangereux pour son adversaire.

— Contre moi, et pourquoi donc? demanda le curé Bertolin, qui opposa une défensive savante à l'attaque plus brave que réfléchie du docteur.

— Pourquoi? dit celui-ci, parce que vous n'avez pas amené votre neveu dîner avec nous ce soir. Permettez-moi de vous souffler un pion, l'abbé.

— C'est juste; mais, continua le curé, ce n'est pas moi qui ai empêché Claude de venir; c'est lui qui a voulu rester au presbytère. A votre tour de prendre, docteur.

— C'est grave, dit M. Michelon en se posant dans une attitude méditative. Si je prends à gauche, murmura-t-il tout bas, comme s'il se fût parlé à lui-même, il me rafle cinq pions...

— Et si vous me prenez à droite, répond l'abbé d'un air triomphant, je vais à dame et je suis maître de la grande ligne.

Le docteur appuya ses coudes sur la table, posa son menton dans ses mains, et examina, avec une inquiétude intérieure qui se reflétait visiblement sur son visage, le double péril où sa fausse manœuvre l'avait engagé : évidemment la partie était perdue.

— Sacre... exclama-t-il.

— Chut ! fit l'abbé avec un geste pacificateur.

—...bleu !... continua le docteur, c'est trop fort ; je ne joue plus avec vous, l'abbé, à moins que vous ne me rendiez des pions.

— Eh bien ! soit, j'y consens, dit M. Bertolais à une condition.

— Laquelle ?

— C'est que nous jouerons quelque chose.

— Tiens ! s'écria le docteur étonné, quelle est cette lubie qui vous prend maintenant ? Je ne demande pas mieux que d'intéresser la partie, moi ; c'est vous qui vous y êtes opposé jusqu'à présent. Combien jouons-nous ?

— Ah ! reprit le curé, je n'entends point jouer d'argent.

— Quel enjeu voulez-vous donc proposer ?

— Écoutez, docteur, vous rappelez-vous ces beaux Elzevirs que vous avez un jour découverts dans le coin le plus caché de ma bibliothèque ?

— Si je me les rappelle, vous me le demandez ! s'écria le docteur avec enthousiasme ; les éditions les plus rares, des Elzevirs et des Estiennes merveilleux, les chefs-d'œuvre du génie de la renaissance !

— Oui, dit l'abbé, des chefs-d'œuvre sans doute, mais d'une littérature profane, et qui, vous le comprenez bien, docteur, ne pouvaient pas faire bon ménage avec les auteurs permis par le dogme, qui trouve saint Augustin et même certains Pères de l'Église peu orthodoxes.

— Eh bien ! demanda le docteur avec curiosité, où voulez-vous en venir ?

— Je veux me débarrasser de ces livres, dont j'avais entièrement oublié la possession depuis l'époque eloignée où ils m'ont été légués par un de mes paroissiens, et que vous avez su découvrir malgré la précaution que j'avais eue de les cacher derrière un panneau secret.

— Oui, répond le docteur, mais mon flair de bibliophile est si fin, que je suis tombé en arrêt rien qu'en mettant la main sur la clé de votre bibliothèque. Je vous les achète, vos livres, je vous les achète tous, et, avec le prix que je vous en donnerai, vous pourrez vous procurer une étole neuve pour la messe de minuit qui vient, voire une chasuble, et ma fille vous brodera encore une aube par-dessus le marché. Vous serez beau comme un évêque. C'est conclu, hein ?

Cette soudaine animation, pleine de convoitise, fit sourire l'abbé.

—Mais, dit-il, je ne vous ai pas parlé d'une vente.

— Ah ! fit le docteur tout décontenancé. Eh bien ! alors à quoi bon me mettre ainsi inutilement l'eau à la bouche, si vous ne voulez pas vous dessaisir de ces trésors, dont vous ne pouvez pas profiter, vous en convenez vous-même ? Je ne vous en parlais plus, moi ; cependant vous aviez bien deviné que je mourais d'envie de les avoir. Ah ! il y a surtout un Rabelais... un collègue à vous, curé... avec des

1.

marges... pour l'avoir en ce monde, je donnerais ma part de paradis dans l'autre !

— Ah ! ah ! s'écria l'abbé, je vous y prends ; vous y croyez donc?

Cette boutade, décochée au matérialisme affecté par le docteur, ne l'arrêta pas.

— Voyons, l'abbé, reprit-il, arrangeons cette affaire-là. Les rats finiront par les manger, ces livres : vendez-les-moi. Tenez, je donnerai une cloche à votre paroisse. La méchante crécelle fêlée qui se balance dans votre clocher se fait entendre à peine, et vos paroissiens s'emparent de ce prétexte pour manquer la messe. Une belle cloche, l'abbé, dont votre neveu sera parrain avec ma fille, et qui fera autant de bruit qu'un carillon de métropole, din, din, ding ! Le curé de Saint-Aubin, qui est si fier de sa *Jacqueline*, en séchera de jalousie dans sa stalle.

— Merci, merci, dit le prêtre en riant toujours, je n'ai point besoin de cloche.

— Si fait, reprit le docteur, je vous dis que la vôtre fait pitié ; c'est un méchant grelot.

— Le conseil municipal m'a promis une cloche neuve pour la prochaine grande fête, répondit l'abbé; ainsi vous voyez...

— Mais alors, reprit le docteur avec tant de vivacité que ses lunettes dansaient sur son nez, puisque vous ne voulez ni les vendre ni les changer, ces livres, expliquez-moi comment vous entendez vous en débarrasser, car je ne comprends pas.... à moins que.... Dites donc, l'abbé, est-ce que vous voudriez m'en faire cadeau ? s'écria le docteur, comme un homme qui, après avoir longtemps cherché, croit avoir trouvé le mot d'une énigme.

— Non pas précisément. Je.... vous les joue, dit le curé en accentuant ses paroles, je vous les joue : comprenez-vous maintenant ?

— Ah ! bah ! vous me les jouez.... sacre.....

— Chut ! fit de nouveau l'abbé.

— Sacr.... isti.... Eh bien ! mais, j'y songe, contre quoi me les jouez-vous, au fait ? Avez-vous donc découvert ici quelque chose qui vous fasse envie ?

— Écoutez, dit le curé, voici comment j'entends régler la partie ; elle aura d'ailleurs ceci d'avantageux pour vous, que, de quelque façon que tourne la chance, vous gagnerez néanmoins.

— Comment, l'abbé, même si je perds, je gagnerai ? Vous êtes aussi difficile à comprendre qu'un miracle : soyez plus clair.

— Si vous gagnez, dit l'abbé, vous choisirez dans mes Elzevirs celui qui vous plaira.

— Très-bien ; mais si je perds, curé, que devrai-je vous donner ?

— Rien ; une promesse seulement.

— Une promesse... de quoi ?

— De venir à la messe le dimanche.

A cette proposition, faite avec la plus naïve bonhomie, le docteur partit d'un large et retentissant éclat de rire. — Ah ! finaud, s'écria-t-il en frappant sur les genoux du curé, qui paraissait tout heureux d'avoir imaginé ce stratagème, vous avez donc juré de me convertir ?

— Oui, pécheur que vous êtes, répondit l'abbé.

— Sans reproche, répliqua M. Michelon, il faut avouer que votre système de recrutement évangélique procède par de singuliers moyens. C'est tout simplement une ruse du diable que vous avez trouvée là, curé.

— Eh ! le diable n'est point un sot, fit l'abbé.

— Mais, reprit le docteur, expliquez-moi donc la cause de cette persistance que vous mettez à me vouloir compter parmi vos ouailles, moi la brebis dangereuse, moi le docteur Michelon, l'homme le plus sceptique, le plus matérialiste, le plus railleur... le plus...

— *Vanitas vanitatum*, murmura l'abbé.

— Hein ! grogna le docteur.

— Eh! mon Dieu, oui, vous êtes athée comme moi je suis Turc.

— Je ne suis pas athée ! par exemple, c'est trop fort, s'écria le docteur; moi qui ai souscrit l'un des premiers au Voltaire édition Touquet, moi dont l'esprit s'est tout jeune allaité aux mamelles de l'*Encyclopédie*, moi qui, à vingt ans, quand la France était une sacristie, osai présenter à la Faculté de Paris une thèse tellement audacieuse, que *le Constitutionnel* en a publié des fragments, — *le Constitutionnel*, l'abbé ! articula le docteur avec un majestueux accent.

— J'entends bien.

— Je ne suis pas athée ! reprit le docteur, moi qui pendant trois ans ai suivi les cours de M. Dupuytren, ce grand homme à qui j'ai dédié mon fameux opuscule dirigé contre la médecine spiritualiste, un livre plein de révoltes, qui m'a valu une excommunication de la cour de Rome ; car je suis un excommunié, entendez-vous bien ? acheva le docteur en frappant du poing sur la table et en regardant le curé jusque sous le nez. — Ah ! je ne suis pas athée, c'est trop fort...

— Eh bien ! mais qu'est-ce que je **suis** donc alors ? demanda-t-il en se redressant.

— Vous êtes le plus honnête et le pl' homme du monde, répondit l'abbé.

— Certainement, dit le docteur; mais enfin un hérétique, un païen?

— Eh! reprit l'abbé, croyez-vous donc que je ne vous aie point jugé depuis le temps que je vous connais, et pensez-vous que je prenne au sérieux ce matérialisme brutal, qui est chez vous moins une conviction qu'un instrument de métier qui trouve sa place dans votre trousse, entre vos bistouris et vos scalpels! Non, docteur, au fond de l'âme vous n'êtes point ce que vous dites : pratiquer la vertu et la respecter, l'avoir en soi et la désirer chez les autres, ce n'est point là le fait d'un homme qui croirait réellement que tout est dit quand la mort est venue, et que rien ne reste de nous après nous.

— Ta, ta, ta, sifflota le docteur entre ses dents. Je sais ce que je sais. Depuis trente ans, j'ai les mêmes principes; on ne se trompe pas pendant trente ans

— On se trompe quelquefois toute la vie, répondit l'abbé.

— Tenez, dit M. Michelon, parlons d'autre chose, revenons à notre partie.

— Soit.

— Il est bien entendu que vous me demanderez un autre enjeu...

— Ah! pour cela, non... non, docteur. Si vous

perdez, vous viendrez à la messe le dimanche, et il en sera ainsi pour chaque partie que je gagnerai.

—Alors n'en parlons plus, fit le docteur légèrement.

—N'en parlons plus, dit le curé.

—Vous garderez donc ces livres... *dangereux ?...* reprit le docteur après un moment de silence.

—Non, répondit l'abbé, et, puisque vous n'y tenez pas... je vais les brûler tous en rentrant.

—Les brûler ! s'écria M. Michelon en faisant un bond, détruire de semblables chefs-d'œuvre ! mais c'est un sacrilége, vous ne le commettrez pas; grâce au moins pour le Rabelais !

—Demain, je vous en apporterai les cendres, dit tranquillement l'abbé en regardant son ami.

—Mais songez donc, reprit tout à coup le docteur après un nouveau silence, songez donc que ma présence à l'église serait une apostasie.

—Ce mot d'apostasie, dit le prêtre, me rappelle que, parmi les livres en question, se trouve précisément le livre d'Heures sur lequel le roi Henri IV suivit la messe le jour de son abjuration, qui était aussi une apostasie, celle de l'erreur.

—Mais, continua le docteur... si je consentais à ce que vous me demandez, ce ne serait jamais que comme contraint et forcé, malgré moi, et alors votre but ne

serait pas atteint, car ce ne serait point une conversion;
et puis, ajouta M. Michelon en manière d'argument
irrésistible, ne craignez-vous pas que la présence d'un
excommunié dans une église ne soit un sacrilége?

— Je prends sur moi de vous en absoudre, répondit l'abbé.

— Enfin, s'écria le docteur à bout de raisons,
qu'est-ce que vous gagnerez à une semblable partie,
vous, l'abbé?... Ah! mais j'y songe, dit-il en se grattant l'oreille; en effet... ma présence à la messe passera pour une conversion aux yeux du monde, et,
comme l'on connaît notre intimité, c'est vous qui serez jugé l'auteur de ce retour au bercail... Je comprends votre but... c'est une affaire d'amour-propre...
comme nous autres médecins, quand nous nous
obstinons après une cure, moins pour le malade que
pour la gloire qui nous en revient... *Vanitas vanitatum!*.. Ah! l'abbé, je ne suis pas fâché de vous
retourner votre citation.

— Je vous permets de tout supposer, répliqua l-
curé; il y a en effet dans ma persistance un motif
intéressé en apparence, et, s'il vous plaît de le connaître, le voici dans toute sa naïve simplicité : les
gens de ce pays-ci sont un peu comme les moutons
de Panurge.

— Ah! vous connaissez Panurge? dit le docteur en riant.

— De réputation proverbiale... Je disais donc que nos paysans font un peu ce qu'ils voient faire, et que la présence au banc d'œuvre de ma paroisse d'un homme estimé, honoré et aimé comme vous l'êtes, serait d'un bon exemple pour eux.

— Voyons, l'abbé, combien me rendrez-vous de pions... si j'accepte la partie dans les termes posés par vous? demanda le docteur, attiré, malgré lui, vers les splendides bouquins.

— Un pion!

— Ah! un peu de conscience... égalisons les forces, maintenant que la partie est sérieuse... Je veux deux pions, sinon... nous en resterons là définitivement.

— Eh bien! soit, deux pions, répondit le curé.

— Commençons-nous ce soir?

— A vos ordres.

— Allons donc alors... dit le docteur. Et on ne soufflera pas? ajouta-t-il en sauvegardant d'avance son étourderie accoutumée.

— Soit, répondit l'abbé. A vous de jouer.

La partie dura un quart d'heure, silencieuse et muette. Le docteur fit des prodiges de valeur, mais enfin il dut se rendre, immobilisé dans son jeu par deux dames maîtresses, qui ne lui permettaient pas même de faire partie nulle.

— J'ai perdu... dit-il.

— Les dettes de jeu se paient dans les vingt-quatre heures, je crois; c'est demain dimanche, docteur.

— A quelle heure la messe?

— A onze heures.

— J'y serai; mais vous savez que je vous demanderai une revanche.

— Tout ce que vous voudrez, docteur, dit le prêtre en prenant son chapeau pour sortir. A demain matin pour la messe, ajouta-t-il en donnant une poignée de main à M. Michelon.

— A demain soir pour la partie, répondit celui-ci.

Le lendemain, exact à tenir sa parole, le docteur entrait dans la paroisse de Cézy, accompagnant sa fille, qu'on avait dans le pays l'habitude d'y voir venir seule; l'installation de M. Michelon dans le banc d'œuvre, où le maire et le notaire se serrèrent un peu pour lui faire place, causa même un certain étonnement.

Cependant les parties de dames continuaient chaque soir, et le docteur n'était pas plus heureux. Aussi un beau soir il dit à l'abbé :

— Tenez, curé, restons-en là ; je ne peux pas vous gagner. Ainsi c'est inutile de jouer.

— Ah ! mais, dit le curé, vous n'oublierez pas que vous avez perdu... vos dimanches jusqu'à Pâques prochain ? (On était alors à la Notre-Dame de septembre.)

— Oh ! répondit le docteur, soyez tranquille, je paierai, j'irai à la messe ; et tenez, l'abbé, je n'y serais pas engagé, que je crois véritablement que j'irais tout de même ; ah ! l'habitude !

Par une dernière révolte de l'orgueil humain, le docteur ne voulait pas avouer que ce qu'il avait d'abord considéré comme l'acquittement d'une dette lui avait peu à peu semblé un devoir, en même temps qu'un bon exemple à donner.

— Eh bien ! dit le curé de Cézy en se frottant les mains, vous voilà arrivé où je voulais. Vous ferez votre salut malgré vous.

— Oui, répondit le docteur un peu dépité, grâce à ma mauvaise chance, vous avez gagné un paroissien, et, par-dessus le marché, vous garderez encore pour vous tous ces livres qui vous ont servi d'appât pour me séduire et m'entraîner à ma perte, ajouta-t-il en riant. Voilà-t-il pas déjà le journal libéral de Joigny qui m'appelle jésuite !

— Vous y tenez donc toujours à mes bouquins? demanda le prêtre.

— Comment! si j'y tiens! Méfiez-vous, curé, un de ces jours je vous les volerai.

— Eh bien! vous n'en aurez pas la peine, docteur; demain ils ne seront plus dans ma bibliothèque.

— Ah bah! s'écria le docteur; où seront-ils donc?

— Dans la vôtre, répondit M. Bertolin.

Peu de temps après, en allant visiter les vignes du docteur, le curé lui annonça, pour son compte et pour celui de son neveu, qu'il acceptait la proposition dont il avait été question.

— Je ne sais, dit le prêtre, si vous avez influencé Claude ; mais quand je lui ai demandé quelle carrière il comptait choisir, il m'a répondu sur-le-champ : La médecine.

— Parbleu ! j'en étais bien sûr, et quant à la proposition d'être mon gendre, de quel air l'accepte-t-il, notre futur Esculape ?

— Tenez, dit l'abbé en montrant au docteur Claude et Angélique qui venaient au-devant d'eux, je crois qu'il s'en explique avec votre fille.

— Comment ! l'abbé, vous ménagez des tête-à-tête entre votre neveu et ma fille ! C'est qu'ils ont l'air de deux amoureux au moins. Ah ! voyez-vous, curé, l'amour est la première vertu du monde. Je ne sais pas si c'est dans l'Évangile, mais ça devrait y être.

— L'amour honnête réjouit Dieu, répondit le prêtre.

Le jour où Claude devait partir pour Paris, on dîna à Joigny dans la maison du docteur ; les deux jeunes gens étaient placés en face l'un de l'autre. Le prêtre et le médecin remarquèrent plusieurs fois que Claude et Angélique interrogeaient souvent avec un grand ensemble de regards la pendule, dont l'aiguille se rapprochait de l'heure du départ.

— Il faut au moins leur laisser cinq minutes pour les adieux, dit tout bas le docteur à l'abbé Bertolin. Venez un peu dans mon cabinet, curé, que je vous montre le nouvel appareil qu'on m'envoie de Paris. Avec cela, on vous coupe une jambe le temps de dire *oremus*.

Et le docteur entraîna l'abbé dans une chambre voisine. Les deux jeunes gens restèrent seuls, tous deux fort embarrassés, osant à peine se regarder, mais osant bien moins se parler. Voyant que le silence se prolongeait, mademoiselle Angélique Michelon employa pour le rompre une petite ruse bien innocente. Elle se plaignit d'avoir trop chaud, et, quittant la table, elle se dirigea vers une petite terrasse de laquelle on pouvait embrasser une assez vaste étendue d'horizon, car la maison du docteur était bâtie sur une côte élevée. Claude suivit la jeune fille, qui l'engageait à venir admirer avec elle la beauté du couchant.

Un joli tableau d'automne s'offrit à leurs regards. Dans l'air attiédi par les dernières chaleurs du soleil d'été qui avait brillé toute la journée, flottait un brouillard demi-transparent à travers lequel on apercevait la campagne au loin vague et confuse. Au milieu du calme crépusculaire de cette tranquille soirée s'élevaient par bouffées sonores les clameurs joyeuses des petits enfants et des indigents grappillan dans les vignes nouvellement vendangées, et dont les chansons semblaient bénir l'année féconde qui, en faisant la vendange si belle, laissait au pauvre le droit d'entrer dans la vigne du riche et d'y cueillir sans le dépouiller les grappes du glanage mûries par la Providence. Plus loin, sur la rivière qui coulait lente et claire au pied des coteaux, on entendait l'aigre cri de la poulie grinçant sur les cordes du bac, les bêlements des troupeaux qui rentraient aux étables et le gémissement des charrettes ramenant aux celliers les futailles emplies au pressoir. Les maisons d'alentour étoilaient leurs fenêtres de lueurs vacillantes et rougeâtres, et la cheminée, où la bûche d'hiver, allumée pour la première fois, réjouissait le grillon, noir ermite de l'âtre qui mêlait sa chanson aux complaintes de la veillée ; couronnait le toit de petites fumées dont les folles spirales montaient vers le ciel que les étoiles trouaient de points lumineux. Toutes ces choses si simples de la poésie rurale, Angélique et Claude les avaient vues cent fois, et jamais elles n'avaient éveillé en eux qu'une curiosité distraite ; ces bruits quotidiens, ils les avaient cent fois entendus et ne leur avaient prêté qu'une attention indifférente ; mais en ce moment, et sans qu'ils sussent pourquoi l'un et l'autre, ils éprouvaient une impression singulière et toute nouvelle dont leurs regards, qui se cherchaient et s'évitaient tout à la fois, semblaient furtivement se demander l'explication. C'est que la douce tristesse de ce paisible spectacle entrait en communion sympathique avec la tristesse douce dont s'imprégnait leur rêverie commune ; c'est que pour la première fois peut-être elle venait révéler aux deux jeunes gens la mystérieuse fraternité qui existe entre les choses et les êtres, et les unit plus particulièrement en de certaines occasions. En d'autres temps, cette heure qui sonnait au clocher noyé dans les brumes n'eût été pour eux qu'un signal quotidien de retraite et de repos : alors on se quittait tranquillement en se souhaitant la bonne nuit et en échangeant l'espérance du prochain revoir ; le galop des chevaux qui passaient sous les fenêtres en secouant leurs colliers degrelots eût indiqué l'arrivée ou le départ de la diligence, et on n'y eût point pris garde ; mais cette fois, en ce moment même, l'heure qui sonnait indiquait l'approche de l'instant où l'on allait se quitter pour se dire adieu : adieu ! ce vœu mélancolique adressé au hasard et que l'on fait presque toujours les yeux à demi mouillés. Et le marteau qui frappait sur le timbre de l'horloge frappait aussi par contre-coup sur le cœur des deux jeunes gens, qui tressaillaient intérieurement en écoutant le piaffement des chevaux qu'on allait atteler, et dont les colliers de clochettes semblaient sonner le tocsin du départ.

Appuyé sur le balcon de la terrasse, Claude, silencieux auprès d'Angélique muette, contemplait avec émotion cette campagne endormie qu'il allait bientôt quitter. Au milieu du silence, une voix enrouée s'éleva, chantant dans la rue un refrain de complainte.

— Monsieur Claude, dit Angélique en posant sa main toute tremblante sur l'épaule du jeune homme, voici Jean Filaud qui vient prendre vos bagages pour les porter à la voiture. Avant de fermer votre malle, je voudrais vous prier de vous charger d'une petite commission pour Paris. Venez, dit-elle en entrant dans sa chambre, où Claude la suivit.

Angélique tira d'un carton à dessin deux aquarelles, et les donna à Claude, qui les approcha de la lampe pour mieux les examiner. L'une représentait la campagne environnante telle que Claude venait de la voir; l'autre était, avec une minutieuse exactitude de détails, la reproduction du presbytère de l'abbé Bertolin, où Claude avait passé sa jeunesse. Le jeune homme remarqua que ces dessins avaient été faits tout récemment, comme l'indiquait une date qui se trouvait au bas de chacun d'eux, près de la signature d'Angélique.

— Vous m'obligeriez, dit la jeune fille, si vous vouliez emporter ces deux dessins à Paris, où vous les ferez encadrer bien mieux qu'on ne le saurait faire ici. Si vous y pensez, ajouta-t-elle en rougissant un peu, vous me les rapporterez lorsque vous viendrez nous revoir aux vacances prochaines.

Claude mit les aquarelles dans sa malle, et Angélique tressaillit de plaisir en lisant dans les yeux de son ami qu'il avait compris la ruse qu'elle employait pour lui faire emporter un souvenir d'elle-même en même temps qu'un souvenir des lieux où elle allait l'attendre. Après quelques minutes de silence, Claude prit la jeune fille par la main, et, sans lui rien dire, l'attira à son tour vers la terrasse, où elle se laissa conduire, émue intérieurement par cette inquiétude délicieuse qu'on pourrait appeler l'angoisse du bonheur. La nuit était venue, enveloppant tout le paysage dans ses masses d'ombres épaissies encore par le brouillard qui s'élevait de la rivière. Un vent sonore et déjà froid bruissait dans les arbres du jardin, et par moments inclinait la cime d'un platane d'Italie jusque sur la terrasse où les deux enfants n'osaient toujours rien se dire, tant ils avaient peur de ne pouvoir achever. Avec mille précautions délicates et discrètes pour ne pas éveiller l'instinct de résistance, Claude, passant alors doucement sa main autour de la taille de la jeune fille, l'attira auprès de lui avec lenteur, et, profitant d'un moment où la plus haute branche du platane venait de nouveau se balancer au-dessus de leurs têtes, si rapprochées que leur haleine s'embrasait, il appuya sa bouche à pleines lèvres sur le front de la jeune fille, couronnée alors, comme une nymphe des bois, par le feuillage mobile. Avec un mouvement gracieux de colombe endormie qui cache sa tête sous ses ailes, Angélique ferma les yeux et pencha son visage sur son épaule, Claude, l'entourant alors d'une étreinte plus douce, regarda avec une admiration extatique cette blanche figure subitement envahie par la pourpre rosée d'une aurore amoureuse. Angélique entr'ouvrit un instant les yeux et regarda son fiancé en laissant échapper de sa bouche à demi ouverte une vague prière, dont la dernière syllabe alla mourir sur les lèvres du jeune homme.

— Angèle ! chère Angèle !... murmura Claude.

— Claude, mon ami, balbutia l'enfant. Et la corne argentée de la pâle chasseresse, amante d'Endymion, disparut alors derrière un nuage, tandis que le vent lui-même semblait se complaire à maintenir plus longtemps au-dessus du couple juvénile ces rameaux de feuillage qui flottaient sur les deux têtes comme un poêle nuptial, destiné à cacher au regard curieux des étoiles les pudiques mystères du premier aveu et du premier baiser.

Un bruit se fit entendre dans la chambre voisine, Angélique se dégagea vivement des bras de Claude, qui repoussa la branche protectrice, dont une feuille lui resta même dans la main. On entendit la voix du docteur et celle de l'abbé.

— Adieu, adieu, dit Claude en mettant sa main dans celle d'Angélique.

— Adieu, adieu, répondit-elle, et, avec un geste adorable de tendresse ingénue, elle arracha à la main de Claude la feuille encore verte du platane, la porta à ses lèvres en regardant le jeune homme et la glissa rapidement dans son sein. En ce moment, l'abbé Bertolin et le docteur Michelon entrèrent dans la chambre, suivis du commissionnaire qui venait prendre la malle de Claude.

— Allons, mon garçon, dit le docteur, en route ! La *Poule Noire* n'attend personne, pas même les amoureux. J'entends la trompette du conducteur qui nous appelle ; nous n'avons que bien juste le temps.

Et comme il jetait un regard sur sa fille, M. Michelon s'aperçut qu'Angélique était toute pensive et semblait hésiter à lui faire une demande. Il s'approcha d'elle en souriant et lui dit à l'oreille :

— Gageons un baiser, petite, que je devine ce que tu n'oses pas me dire ?

— Moi, fit la jeune fille embarrassée et baissant les yeux. Je ne comprends pas, mon père.

— Ne mentez pas devant M. le curé, mignonne,

dit le docteur en montrant l'abbé Bertolin. Vous avez envie de nous accompagner jusqu'à la *Poule Noire*. Allons, fillette, prends ton châle, mets ton chapeau et viens avec nous, cela te fera toujours un quart d'heure de plus à passer avec le neveu de l'abbé.

Un quart d'heure après, la *Poule Noire*, lourd véhicule qui semble être une protestation contre l'abolition de la torture, faisait étinceler sous ses roues l'horrible pavage en silex de la *grande rue* de Joigny. Le lendemain, Claude arrivait à Paris, et, comme nous l'avons dit, descendait à l'hôtel Saint-Sulpice, tenu par des personnes d'une piété recommandable, et qui avaient été indiquées à l'abbé Bertolin par un de ses collègues, vicaire dans une paroisse de Paris.

III

En province et traditionnellement, Paris est considéré comme la cité minotaure à qui la France envoie chaque année un tribut de victimes, ainsi qu'autrefois Athènes au monstre vaincu par Thésée. C'est avec effroi que les familles voient arriver le moment où la nécessité vient leur enlever leurs enfants, et les appelle à vivre dans la grande capitale, où ils doivent apprendre à devenir des hommes.

Esprit crédule et craintif, Claude, exagérant encore les tableaux exagérés qu'il avait maintes fois entendu faire de Paris et de ses mœurs, éprouvait un véritable sentiment d'épouvante en songeant au temps qu'il devait passer dans cette ville pavée de dangers et pleine de tentations. Aussi, en y arrivant. s'était-il d'abord tracé un programme d'existence dans lequel il s'enferma sous le double tour de la volonté. M. Michelon et son oncle lui ayant mille fois répété que c'était surtout la société qui perdait les jeunes gens, Claude poussa ces conclusions jusqu'à l'extrême : il vécut dans une perpétuelle défiance de lui-même et des autres, ressemblant un peu à ces gens qui, traversant une forêt la nuit, — par cela même que c'est une forêt et qu'il y fait sombre, — se laissent abuser par l'optique de la peur, et prennent tous les arbres pour des brigands.

Hors les heures où ses études l'appelaient au dehors, Claude se cloîtrait dans une réclusion complète. Depuis deux mois qu'il habitait Paris, il ne connaissait du quartier où il logeait que les rues par lesquelles il était forcé de passer, et n'avait point traversé les ponts quatre fois. Au reste, comme la plupart des esprits laborieux, Claude avait de tout temps trouvé de grandes jouissances dans le travail ; mais, depuis que la science qu'il venait acquérir était devenue pour lui une route au bout de laquelle il était certain de trouver un établissement définitif, qu'il

considérait comme le seul bonheur désirable, —
c'est-à-dire une existence tranquille au milieu des
êtres qui avaient son affection, — Claude éperonné
d'ailleurs par l'effroi que lui inspirait le séjour de
Paris, apportait à son labeur la fièvre d'opiniâtreté
qui était un des côtés saillants de son caractère. Le
neveu de l'abbé Bertolin se croyait donc bien garanti
dans son isolement contre toute surprise que pour-
raient tenter contre lui les passions qu'il redoutait
tant sans les connaître, et il attendait avec une impatience calme l'époque des vacances, qu'il devait aller
passer auprès de son oncle et de la fille du docteur.
De son côté, Angélique attendait son arrivée avec
moins de tranquillité, comme son père avait pu le
remarquer plus d'une fois, lorsqu'il la surprenait,
un almanach entre les mains, comptant les jours
qui la séparaient encore de la grande fête du retour.

Pendant que sa fiancée égrenait ce long rosaire
formé des heures séculaires de l'attente, Claude,
ignorant les cruelles souffrances de la nostalgie du
cœur, était il faut le dire moins dévot à la religion du
souvenir ; non point cependant qu'il eût oublié Angélique. Cette douce figure traversait quelquefois sa
pensée, surtout lorsque ses yeux tombaient sur les
dessins que la jeune fille lui avait donnés ; mais l'ap-

parition souriante et légère ne causait au jeune homme qu'une sensation pacifique qui eût certainement été taxée de froideur par le jury des anciennes cours d'amour, et d'indifférence par les casuistes de la passion moderne. Ce souvenir n'était jamais pour Claude plus qu'un hôte passager dont l'arrivée ou le départ n'éveillait aucun trouble dans son âme, n'augmentait point la vivacité de son pouls, et interrompait à peine de quelques secondes la solution du théorème commencé.

L'austérité de son existence quasi-monacale, l'aridité des sciences mathématiques qui ne laissent aucune porte ouverte à la rêverie, et à l'étude desquelles Claude se livrait exclusivement depuis son arrivée à Paris, n'étaient peut-être point étrangères à ce refroidissement subit d'un sentiment qui avait débuté avec tout l'emportement précurseur de cette première passion, invariable prologue de la vie de jeunesse. Cependant l'impression qu'il avait éprouvée le soir de son départ de Joigny en se trouvant seul avec Angélique n'avait été véritablement chez Claude qu'un fugitif éveil. Son cœur, enveloppé un instant par une irrésistible poésie, s'était ému plus que de coutume dans cette soirée des adieux, où la brise qui avait mêlé ses cheveux à la chevelure de la jeune fille était peut-être la même qui jadis avait murmuré dans les orangers l'épithalame des noces mystérieuses au couple amoureux du balcon de Vérone. Cette émotion avait été vive, spontanée, sincère au moment où il l'éprouvait; mais Claude l'avait presque oubliée après huit jours de résidence à Paris.

Une ou deux fois par mois Claude écrivait à son oncle pour le tenir au courant de ses progrès, et chacune de ces lettres était communiquée au docteur, ainsi qu'à sa fille. Un jour qu'ils se trouvaient l'un et l'autre au presbytère, l'abbé reçut de son neveu la nouvelle qu'il allait passer dans deux jours son examen de bachelier, à la suite duquel il se proposait, s'il était reçu, de prendre immédiatement sa première inscription. Le matin du jour où Claude devait passer son examen et à l'heure même peut-être où il se présentait à la Sorbonne, l'abbé Bertolin, montant à l'autel pour dire une messe en faveur de son neveu, aperçut dans le coin le plus obscur de l'église Angélique Michelon. La fille du docteur était venue de son côté prier pour l'étudiant qui allait conquérir son premier diplôme.

Claude fut reçu, il eut même un brillant succès dont la nouvelle arriva au presbytère, apportée par

Angélique Michelon, qui était allée attendre le courrier bien avant l'heure où il arrivait d'ordinaire. Une lettre de félicitations fut adressée au jeune homme à l'occasion de son triomphe, et à ce propos Angélique rusa comme une fille d'Ève pour qu'on la chargeât de porter elle-même la lettre à la poste. Son père comprit parfaitement qu'il y avait dans cette insistance quelque puéril et innocent secret d'amoureux, et feignant de se laisser prendre au petit manége de la jeune fille, il lui donna la lettre adressée à Claude — en oubliant de la cacheter, car il avait deviné qu'Angélique voulait y ajouter un post-scriptum.

Le lendemain, lorsque Claude, ayant reçu la lettre, l'ouvrait pour la lire, une petite feuille verte s'échappa de ses plis : c'était une feuille de platane, la première qui fût sortie du bourgeon printanier, et qu'Angélique avait cueillie sur cet arbre, qu'elle ne pouvait regarder sans rougir, pour la glisser dans la lettre. Claude devina bien en effet quelle main lui adressait ce souvenir ; mais il le ramassa et le serra tranquillement dans le papier qui le lui avait apporté, sans écouter toutes les choses charmantes qu'était chargé de lui dire ce messager qui portait les couleurs de l'espérance.

Tous les dimanches, Claude allait à la messe le matin, et les jours de grande fête il assistait à l'office complet. Deux fois par mois, il avait l'habitude d'aller dîner et passer une partie de la soirée chez un des amis de son oncle, — l'abbé Moriot, vicaire de la paroisse Saint-Jacques-du-Haut-Pas, — la seule personne de connaissance qu'il eût à Paris. Un dimanche soir, l'abbé Moriot s'étant trouvé indisposé après le dîner, Claude se retira plus tôt que de coutume. Il faisait grand jour lorsqu'il se trouva dans la rue et, avant de rentrer chez lui pour se mettre au travail, comme il en avait l'habitude chaque soir, il lui prit la fantaisie d'entrer dans le jardin du Luxembourg pour y attendre la tombée de la nuit. On était alors dans les derniers jours d'avril, une magnifique soirée terminait une journée admirable, la première du printemps tardif, et durant laquelle le nouveau soleil de l'année avait fait son début solennel dans des cieux qui eussent rivalisé avec l'azur vénitien. Tout le quartier semblait s'être donné rendez-vous dans ce beau jardin que Claude connaissait à peine, bien qu'il en fût proche voisin. Il alla d'abord s'asseoir sur l'élégante terrasse qui domine l'une des pelouses réservées où la musique d'un régiment donnait un concert. Cette partie du jardin est, durant la

belle saison, une espèce de salon de conversation en
plein air. Habituées à s'y rencontrer chaque soir,
toutes les personnes qui viennent s'y promener ou s'y
asseoir se connaissent un peu : de là une espèce de
familiarité distinguée qu'on y remarque. Les femmes
y brodent, le maris lisent le journal, les enfants
jouent. Ce spectacle commença à jeter quelques germes de tristesse dans la pensée de Claude, déjà énervé
à son insu par la musique, qui exécutait ce soir-
là les motifs les plus mélancoliques de *Lucie* et de
la Favorite, ces deux élégies jumelles, filles d'une
inspiration maladive, et dont l'harmonie éplorée
s'épanche avec le murmure d'un ruisseau de larmes.
Claude quitta brusquement la place sans attendre la
fin du concert, et s'enfonça dans ces massifs épais
où les arbres entendent chaque été s'échanger plus
de serments qu'ils n'ont de feuilles à leurs branches;
mais, à peine entré sous la voûte déjà touffue des
grands marronniers dont les rayons du couchant
incendiaient la cime, Claude croisa à chaque instant
un couple enlacé qui se détournait à son approche
pour aller renouer un peu plus loin, par le trait
d'union d'un baiser, le tendre duo que sa présence
avait interrompu. Et de quelque côté qu'il se dirigeât
dans cet endroit appelé si justement l'allée des Sou-

pirs, de dix pas en dix pas il se heurtait à une vivante conjugaison du verbe aimer. Ces apparitions multipliées rejetèrent Claude dans le courant des idées qu'il voulait éviter. Malgré lui, il se sentait devenir pénétrable à des influences contre lesquelles il luttait, et qu'il était parvenu à repousser jusqu'alors en élevant entre elles et lui la barrière du travail. En ce moment, et pareil à un homme qui, au milieu de l'ombre, sent se mouvoir autour de lui un danger qui le menace, Claude, inquiet comme par intuition, devinait qu'il allait prochainement avoir à subir l'assaut d'une de ces passions qui lui causaient tant d'effroi. Pour lui, cette langueur inaccoutumée qui l'avait engourdi quand il avait écouté la musique, ce soupir de regret qui lui était échappé en se trouvant tout seul, sans avoir à qui parler, au milieu de ces groupes de jeunes gens et de jeunes filles qui riaient et causaient sous le regard de leurs familles, cet éclair d'envie qui avait traversé son esprit, et, pour un moment, lui avait fait trouver si triste la solitude dans laquelle il vivait, quand il avait rencontré ces couples mystérieux marchant la main dans la main ; cette espèce d'insistance taquine et jalouse qu'il avait mise à les poursuivre tout en devinant bien que sa poursuite les troublait : toutes ces pensées, tous ces désirs, quoique vaguement formulés, toutes ces aspirations confuses encore, il les considéra comme autant de symptômes précurseurs formant l'avant-garde d'un péril, et il ne put s'empêcher de tressaillir, car il sentait en même temps que toutes les pièces de son armure de placidité se détachaient de lui une à une, et qu'il allait se trouver désarmé au moment du combat.

Claude quitta enfin d'un pas rapide ces allées solitaires où il avait rencontré le vertige, et où les blanches statues elles-mêmes, nymphes et déesses du paradis païen, semblaient ouvrir leur bouche de marbre en étendant les bras comme pour arrêter au passage et presser un instant contre leur sein pâmé les sylphes amoureux qui voltigeaient par essaims dans cette atmosphère embrasée de tous les irritants parfums d'Aphrodite. En sortant de l'allée des Soupirs, silencieuse et discrète, il déboucha tout à coup dans la grande allée de l'Observatoire, voie bruyante et tumultueuse, traversée alors par des groupes joyeux descendus en foule des collines savantes du quartier Saint-Jacques. Comme ces oiseaux ambassadeurs du printemps, qui apparaissent au premier soleil, cette population, dont le départ à l'époque des vacances suffit pour faire le silence et le désert dans les rues qu'elle habite, revenait après un long hivernage dans les estaminets enfumés reprendre possession de ce jardin du Luxembourg, ombrageux Élysée où elle promène son *far niente*, ses amours et sa gaieté.

Où allaient-ils ainsi d'un pas hâtif, fredonnant en chœur quelque refrain qui est leur Marseillaise du plaisir? où allaient-ils ainsi par groupes et par couples : jeunes gens et jeunes femmes dont quelques-unes étaient réellement jeunes, et dont le plus grand nombre, hélas! étaient déjà presque aussi loin de leur jeunesse que la jeunesse elle-même est éloignée du berceau? Où allaient-ils, ceux-là dans cette toilette dont le négligé est proche parent de l'élégance; ceux-ci demi-plèbe, demi-gentilhomme, étalant un jabot de fine batiste sur un gilet cramoisi, les autres portant sur le dos les prospectus des modes les plus extravagantes? et les femmes donc : — celles-ci coiffées en Marie-la-Folle d'un de ces bonnets légers qui s'envolent par-dessus les moulins, vêtues d'une méchante robe d'indienne trop courte, à corsage trop long, taillée en dix minutes et bâtie en trois quarts d'heure, à grands points, par une main impatiente qui a oublié le maniement de l'aiguille en apprenant à rouler des cigarettes ; — celles-là toutes pimpantes, sous un beau chapeau pavoisé de rubans frais, en jupe de soie de couleur gaie et garnie de volants, l

volant, ce dernier mot de l'ambition des grisettes —
et la flottante écharpe ou le châle en dentelle transparente laissant deviner la souplesse d'une taille étranglée dans l'étau du corset, qui fait saillir la richesse du buste, ou la mantille collée au corps pour faire une réclame aux rondeurs des hanches. Où allaient-ils ainsi bras dessus bras dessous, les pieds ailés d'impatience? Ils allaient de compagnie ouvrir la galante campagne du bal en plein air, sous les bosquets de la Grande-Chaumière et dans les charmilles de la Grande-Chartreuse, où les appelaient déjà les fioritures de la petite flûte, ce rossignol de l'orchestre ; ils allaient donner le branle à ce gigantesque quadrille qui commence aux premières feuilles vertes et fait encore crier sous ses pas les dernières feuilles jaunies. Assis sur les bancs espacés le long des contre-allées, les gens paisibles venus là pour respirer la fraîcheur du soir, regardaient avec curiosité défiler cette troupe joyeuse et pressée dont le passage semait l'envie au cœur des vieillards anacréontiques qui reluquaient, d'un œil où semblait se rallumer une juvénile étincelle, ces créatures folâtres pendues au bras de fiers lurons aux moustaches tordues en hameçon à prendre les cœurs.

Peu à peu, la nuit était descendue. Les promeneurs devinrent plus rares, les bruits s'éloignèrent, et Claude, assis sur le banc où il avait vu pendant une heure passer devant lui cette procession de pèlerins allant au plaisir, ne songeait plus à rentrer chez lui. Le bruit des tambours battant la retraite et les cris des gardiens annonçant la fermeture du jardin le réveillèrent comme en sursaut de la rêverie où il était tombé. Il se leva de son banc et s'éloigna précipitamment. Au bout de cinq minutes, il était arrivé à son hôtel.

Aussitôt rentré, Claude alluma sa lampe, se mit à une table, ouvrit un livre et essaya de reprendre l'étude au chapitre interrompu ; mais son esprit n'était déjà plus à l'étude. Entre ses yeux et le volume ouvert devant lui, passaient et repassaient incessamment des visions qui lui retraçaient les scènes dont il avait été témoin dans sa promenade au jardin du Luxembourg. Alors il se mit à lire tout haut, croyant ainsi obliger sa pensée distraite à suivre la lecture ; mais un murmure confus, formé de chants, d'éclats de rire et de cris joyeux, se leva à côté de sa voix, et finit par l'étouffer dans un crescendo, comme un accompagnement d'orchestre qui couvre un solo de chant. Claude ne s'entendait plus lire. Alors il se crut indisposé, ferma son livre et se mit au lit, appelant le sommeil à son secours pour faire cesser l'hallucination à laquelle il était en proie ; mais il ne vint pas, ce bon sommeil aux songes tranquilles, ce doux et salutaire repos qui délasse l'esprit des fatigues de l'étude, comme un bain délasse des fatigues du corps, et qu'il était habitué chaque soir à retrouver derrière ses rideaux après une longue et fructueuse veillée où il avait brûlé ses yeux aux clartés de la lampe. Ce fut l'insomnie qu'il trouva assise à son chevet pour tenir ses yeux ouverts aux visions qu'il ne voulait pas voir, et ouvrir malgré lui ses oreilles qui ne voulaient pas entendre à cet incessant murmure qui chantait l'hymne de la jeunesse et de l'amour, et auquel il lui semblait que son cœur répondait par des battements précipités. Ce fut seulement bien avant dans la nuit qu'il commença à s'endormir, ou plutôt à tomber dans un assoupissement fiévreux, troublé par de brusques réveils, où il se surprenait les mains tendues dans le vide, comme s'il eût voulu saisir au passage la forme réelle du fantôme qui lui était apparu dans son rêve interrompu subitement.

Le lendemain, il se réveilla beaucoup plus tard que de coutume et dans un véritable état de malaise. Néanmoins il se rendit à l'École de médecine, où il suivait un cours ; mais, quoiqu'il y prêtât toute son attention, il ne comprit rien à la leçon du professeur. Le cours terminé, il rentra chez lui mécontent de lui-même. En se retrouvant dans sa chambre, il s'aperçut pour la première fois combien elle était triste et maussade. En effet, c'était un lieu obscur et étroit, participant de la cellule claustrale et du cabanon du prisonnier ; par une fenêtre grillée, ouvrant sur une cour en forme de puits, pénétraient un jour avare et un air raréfié ; le soleil n'y descendait jamais. Claude, inquiété par cette remarque qu'il venait de faire, se demanda pourquoi il trouvait inhabitable tout à coup un logement où il s'était plu pendant six mois, précisément parce qu'il se trouvait dans des conditions qui, en l'isolant de la vie extérieure, lui permettaient de se renfermer plus complétement, loin de toute distraction, dans un demi-jour et un silence favorables à l'étude. D'où lui venait, en effet, ce besoin subit d'air, d'espace, de lumière et de bruit, besoin devenu si impérieux en ce moment même, qu'il lui fut impossible de résister à la puissante attraction qui l'arrachait pour ainsi dire violemment à cette chambre obscure pour l'attirer au dehors, où brillait le soleil d'une belle journée?

Comme il passait devant le bureau de l'hôtel, la maîtresse de la maison l'arrêta pour lui remettre une lettre qui venait d'arriver de Bourgogne. Elle était de son oncle, et contenait dans un mandat sur la poste la somme qui lui était adressée mensuellement pour son existence et pour les frais de ses études. A cette lettre était joint un post-scriptum dans lequel M. Michelon priait Claude de lui faire parvenir deux volumes de médecine. Au bas de l'écriture de son père, mademoiselle Angélique demandait également à son fiancé de lui procurer quelques romances dont elle donnait la liste. En décachetant cette lettre, il sembla à Claude qu'il s'échappait de ses plis comme une bouffée de l'air du pays venue à propos pour rafraîchir et calmer les brûlantes ardeurs de cette fièvre inconnue qui depuis la veille le rendait si peu semblable à lui-même. En voyant ces trois noms réunis sur cette même feuille de papier, il se représenta les trois êtres dont il était l'unique espérance, et qui, séparés de lui par la distance et le temps, s'en rapprochaient chaque jour par la pensée ; il les vit tous les trois formant une trinité de vœux pour son bonheur, et se demandant l'un à l'autre en regardant la place qu'il avait laissée vide : Celui-là qui est parti nous ramènera-t-il au retour les vertus et l'amour de celui qui nous a quittés? Un peu enclin à la superstition, Claude vit une coïncidence providentielle dans l'arrivée de cette lettre reçue justement au début d'une crise qui était un commencement d'insurrection du cœur contre le joug de la raison. La lettre venue de Bourgogne produisit sur lui l'effet que produit l'apparition soudaine des couleurs de son drapeau sur le soldat qui songe à déserter : elle fortifia de nouveau en lui l'instinct du devoir un instant ébranlé par un premier choc. Toute sa sérénité ordinaire lui était revenue ; il était replacé au centre des idées bonnes conseillères, et rentrait d'un pas ferme dans la route tracée, comme un voyageur dévoyé qui vient de retrouver son pôle.

Cependant Claude s'abusait dans ce moment même, où il prenait pour une victoire définitive ce calme apparent qu'il venait de reconquérir et qui n'était qu'une trêve. Car cette première escarmouche ne décidait rien dans le grand duel qui allait bientôt s'engager entre sa jeunesse et sa raison, entre le devoir et la passion. Un mot et une chose que Claude comprenait mal ou plutôt qu'il ne comprenait pas, car, semblable aux gens qui supposent que tout roman est, ou doit être un mauvais livre, Claude définissait le sens du mot passion en en faisant presque le synonyme de vice. Mais cette erreur, qui pouvait jusqu'à un certain point se prolonger tant qu'il vivrait comme l'avait fait jusqu'ici, pour ainsi dire en marge de la vie, devait avoir un terme.

A quelques jours de là, Claude, pour accélérer les progrès de ses études, alla suivre tous les matins la visite du docteur L..., médecin à l'hôpital de la Charité. Un jour le docteur, suivi de tous ses élèves, parmi lesquels se trouvait Claude, s'arrêta devant le lit d'un jeune homme en convalescence d'une fièvre cérébrale dont il avait failli mourir. Le docteur allait lui adresser les questions ordinaires sur son état, lorsque le malade lui demanda d'une voix très-faible encore s'il voulait lui accorder la permission de sortir pendant deux heures.

— Est-ce que vous êtes fou ? répondit le médecin.

— Pardon, monsieur, répliqua le jeune homme; j'ai absolument besoin de sortir aujourd'hui.

— Ma sœur, dit en s'éloignant le médecin à la novice qui suivait la visite, si le n° 10 n'est pas plus sage, vous lui supprimerez sa portion de poulet.

— Allons, mon ami, ajouta la sœur de charité, avec une ineffable câlinerie de regard, soyez raisonnable.

— Il faut absolument que je sorte, ma sœur.

— Mais vous ne pourriez pas faire deux pas ! dit la novice avec un geste qui l'invitait au repos.

— Alors, reprit le jeune homme en s'animant, puisqu'on ne veut pas me laisser sortir deux heures, je m'en irai tout à fait. Je vais faire signer mon *exeat*.

Puis, détachant la pancarte accrochée au-dessus de sa tête, il la jeta sur le pied de son lit, en disant : On ne peut pas me retenir de force. — Et avant que Claude eût pu l'en empêcher, il était déjà hors du lit et essayait de passer un vêtement; mais ses forces l'abandonnèrent, son visage pâlit soudainement, la tête lui tourna, il perdit l'équilibre et se laissa tomber sur une chaise.

— Vous voyez bien, dit Claude, que vous êtes encore trop faible et que le docteur avait raison. Allons, recouchez-vous bien vite.

— Ah ! mon Dieu ! mon Dieu ! murmura le jeune
mme en cachant sa tête dans ses mains.

Et, avec la docilité d'un enfant, il se laissa remet-
dans son lit, aidé par Claude et un infirmier.
ude se disposait à aller rejoindre la visite, lorsque
jeune homme le retint par la basque de son habit.

— Monsieur, lui dit-il, vous le voyez, je suis cloué
ici, et ce que je souffre, je ne puis le dire. Vous êtes
jeune comme moi ; vous me comprendrez sans doute,
et peut-être voudrez-vous m'aider à sortir d'une in-
certitude si cruelle, qu'elle me tuera si elle se prolonge.

— Parlez, monsieur, dit Claude en s'asseyant sur
une chaise au pied du lit.

— Si j'ai tant insisté pour sortir aujourd'hui, malgré l'état où je suis, vous pensez bien, monsieur, qu'un
motif sérieux m'appelait au dehors. Dimanche dernier était, comme vous le savez, le jour d'entrée
publique dans l'hôpital. Pendant les deux heures que
dura la visite, j'ai attendu une personne qui devait venir me voir : cette personne n'est pas venue. Le lendemain, je lui ai fait écrire pour lui demander le motif
qui avait causé son absence : elle ne m'a point répondu.
Ah ! combien j'ai regretté alors cette fièvre délirante
qui, pendant quinze jours, m'a privé de raison et de

sensibilité ! Enfin l'espérance me revint hier matin, c'était jeudi, et de nouveau jour de visite pour les parents et les amis. Eh bien ! hier encore mon attente a été vaine ; elle n'est pas venue, et cependant la dernière fois qu'elle m'a vu, j'étais en danger de mort ; on désespérait de moi ; j'étais sans connaissance étendu sur ce lit, où je venais de recevoir le dernier sacrement, et je ne pus même entendre l'adieu qu'elle me fit, et qui pouvait être le suprême adieu, car tout semblait bien fini. Elle pleurait et ne voulait pas me quitter, elle voulait mourir avec moi. Cette scène m'a été racontée depuis par mes voisins. Trois ou quatre jours après, par un miracle, je suis sauvé du danger, je lui en fais savoir la nouvelle... et depuis ce temps-là elle n'est pas revenue me voir, elle ne répond même pas à mes lettres ; elle me laisse dans l'abandon et le désespoir, moi qui suis ici par elle et pour elle !

Tout en écoutant ce court récit, fait d'une voix étranglée, Claude avait jeté les yeux sur la pancarte du malade et y avait lu ce nom ; *Fernand de Sallys, étudiant en droit, âgé de vingt-trois ans.* Au-dessous du nom se trouvaient les indications du lieu de naissance, de la date d'entrée à l'hôpital et de la maladie.

— Vous comprenez sans doute, monsieur, reprit Fernand, quelle est la nature du service que vous pouvez me rendre?

— Je crois comprendre, répondit Claude ; vous désirez que j'aille m'informer auprès de la personne que vous attendiez des raisons qui l'ont empêchée de venir vous voir.

— Oui, monsieur, c'est là le service que je comptais vous demander. Vous êtes étudiant en médecine sans doute, puisque vous suivez les visites des hôpitaux?

— Oui, répondit Claude.

— Et vous habitez le quartier latin?

— Place Saint-Sulpice.

— Alors, continua Fernand, si vous habitez le quartier, vous connaissez probablement la personne dont je suis inquiet ; elle s'appelle... Mariette, dit-il après un moment d'hésitation, et, en prononçant ce nom, une rougeur plus vive vint colorer son visage.

— Je ne connais pas la personne dont vous parlez, répondit Claude.

— Cependant, vous avez dû la voir, soit dans les bals, soit dans les cafés du quartier.

— Je vis très-sédentaire et ne fréquente point les lieux dont vous parlez.

A cette réponse le malade jeta sur Claude un regard curieux.

— Vous êtes étudiant et vous ne connaissez pas Mariette.— Pas même de nom ? ajouta Fernand avec étonnement.

Claude fit un geste négatif.

— C'est étrange : eh bien ! ce que vous venez de me dire m'encourage encore à me confier à vous ; mais, demanda Fernand avec inquiétude en croyant deviner une hésitation dans l'attitude réfléchie que Claude avait prise, est-ce que vous ne consentez plus à faire ce que je vous demande ?

— Je ferai ce que vous voulez, dit Claude, qui hésitait en effet, mais qui n'osa plus refuser ce qu'il avait promis. Cependant, ajouta-t-il, si je ne trouve pas cette personne, si elle n'était plus où vous l'avez laissée ? Et cela est facile à croire, puisque les lettres que vous lui avez adressées sont restées sans réponse. Sans doute elle ne les aura pas reçues.

— Où serait-elle donc alors ? dit Fernand avec une exclamation jalouse : où est-elle ? c'est ce que vous m'avez promis de me dire. Si elle n'est plus chez moi, vous vous informerez... On vous l'indiquera, elle est bien connue, et quand vous l'aurez rencontrée, vous lui direz que vous m'avez vu, que je vous

drais la voir, quand bien même elle devrait me dire
qu'elle m'a quitté; mais je voudrais en être sûr et
l'entendre d'elle-même, parce que je trouverais sans
doute des mots qui la ramèneraient à moi... Je lui
promettrai tout ce qu'elle voudra... Ne lui faites pas
de reproche... Vous la verrez... traitez-la doucement.
Elle aura pensé que j'étais mort peut-être en me
voyant si mal l'autre fois. — C'est cela ! — Et elle
n'aura pas voulu rester dans une chambre où nous
avions vécu ensemble. — Elle aura été ailleurs. — On
vous le dira bien, allez ! — Elle est si connue... Ce
n'est pas une méchante fille, elle m'a aimé beaucoup
plusieurs fois. Elle pleurait de toute son âme quand
elle est venue ici. C'est le numéro 12 qui me l'a dit.

— Mais si elle n'est plus seule, demanda Claude,
comment ferai-je pour lui parler ?

— Plus seule... plus seule ! murmura Fernand,
dont la figure se contracta péniblement. Ah ! j'entends ce que vous voulez dire; si elle a cru que j'étais mort !... c'était moi qui la faisais vivre... Il aura
bien fallu qu'elle en trouve un autre. Je la reprendrai à celui qui me l'aura prise, car cette fois je ne
pourrai pas lui en vouloir; et puis, que voulez-vous?
je ne puis me passer d'elle, et j'aime tout en elle,
jusqu'au mal qu'elle me fait.

La voix de Fernand, épuisé par la fatigue et l'émotion, était devenue si faible, que Claude l'entendait à peine. — Ne parlez plus, lui dit-il, et reposez-vous. Je ferai ce que vous voulez.

— Tout de suite? demanda Fernand.

— Aujourd'hui; vous allez me donner l'adresse de mademoiselle Mariette.

— Ce n'est pas bien loin, dit Fernand; elle demeure à côté, rue Jacob, hôtel de....

— C'est bien, j'irai tantôt, et demain je vous dirai ce que j'aurai appris.

— Demain c'est bien long, dit le malade; si vous aviez une réponse, ne pourriez-vous pas me l'apporter aujourd'hui même?

— C'est que j'ai à travailler, objecta Claude.

— Vous travaillez donc, vous? murmura Fernand; moi aussi, je travaillais autrefois. — Enfin, — à demain donc.

VI

Claude sortit de la Charité tout pensif, regrettant d'avoir accepté une mission qui l'embarrassait et lui répugnait presque. Cependant, comme il avait promis, il se dit qu'il tiendrait sa promesse. Le soir, avant son dîner, il se rendit en effet rue Jacob, à l'adresse que lui avait donnée Fernand, et demanda mademoiselle Mariette.

— C'est moi, monsieur, répondit une jeune femme mise avec élégance, et qui dans ce moment déposait sa clef chez le concierge de l'hôtel.

— Mademoiselle, dit Claude en la saluant, je désirerais vous parler.

— A moi, monsieur? fit Mariette en l'examinant.

— De la part de M. Fernand.

— Fernand! s'écria Mariette en pâlissant. — Elle reprit sa clef, se retourna vers Claude et l'invita à la suivre.

Arrivés au deuxième étage, ils entrèrent dans une petite chambre en désordre. Mariette offrit une chaise à Claude, qui se tint debout contre un meuble. La jeune femme resta debout comme lui.

—Mademoiselle, dit Claude, ma visite sera courte; je vois que vous vous disposiez à sortir, et je ne veux pas vous gêner. Je n'ai, du reste, que peu de mots à vous dire. Je viens de la part de M. Fernand...

— Pardon, monsieur, interrompit Mariette, qui, depuis son entrée dans la chambre, avait observé Claude avec une attention particulière; il me semble que j'ai déjà eu l'honneur de vous voir; le son de votre voix ne m'est pas inconnu non plus. Ah! bien sûr, nous nous sommes déjà rencontrés.

— Je ne sais, dit Claude avec un certain embarras. Pour moi, mademoiselle, je ne me rappelle pas en quelle occasion.

— C'est singulier, insista la jeune femme; mais plus je vous regarde, plus je crois reconnaître... Alors c'est une ressemblance extraordinaire. Ah! mais...

c'est-à-dire, ajouta-t-elle en frappant dans ses mains, c'est-à-dire que, s'*il* avait un frère, je croirais que c'est vous. Pardon, monsieur, vous êtes de Paris?

— Non, mademoiselle, répondit brièvement Claude.

— Je suis indiscrète, excusez-moi, dit la jeune fille ; mais c'est que cette ressemblance étrange me rappelle quelqu'un avec qui j'ai été élevée, un petit camarade d'enfance, et ça me fait penser à mon pays et à un autre temps qui est bien loin.

Mariette, dont la voix s'était un peu altérée, s'assit sur la chaise qui était en face d'elle et reprit en détournant les yeux :

— Vous disiez, monsieur...

— Fernand, très-inquiet de ne pas vous voir, m'envoie auprès de vous...

— Vous êtes de ses amis?

— Je l'ai vu ce matin pour la première fois, continua Claude, à l'hôpital de la Charité, où il a failli mourir, comme vous le savez.

Tout à coup le regard de Mariette, qui errait machinalement, tomba sur un portefeuille garde-notes dont Claude se servait pour aller au cours, et qu'il avait, en entrant dans la chambre, déposé sur un guéridon. Sur la couverture de ce portefeuille, Mariette avait lu le nom de Claude Bertolin.

— Ah! s'écria-t-elle en se levant avec vivacité, c'est monsieur Claude; j'étais bien sûre que je ne me trompais pas, dit-elle en s'approchant du jeune homme, à qui elle tendit la main. Et vous, ne me reconnaissez-vous pas?... Regardez-moi donc bien... Ah! j'y pense, ajouta Mariette en retirant tristement sa main, qu'elle avait inutilement tendue au jeune homme, vous ne voulez pas me reconnaître, peut-être?

— J'ai beau chercher, dit Claude, qui en lui-même tâchait de réveiller ses souvenirs, je ne me rappelle point où et quand je vous ai vue, et je n'ai connu personne qui portât votre nom.

— C'est que mon nom n'est pas mon nom, répondit Mariette. Vous m'avez vue en Bourgogne, dans notre pays que j'ai quitté il y a cinq ans, lorsque ma mère est morte. Quand nous étions petits, nous faisions de bonnes parties tous les deux dans les prés du père Filaud. Nous avons fait notre première communion ensemble à l'église de Cèzy, et c'est vous qui m'avez fait apprendre mon catéchisme, monsieur Claude; car dans ce temps-là, dit la jeune fille avec un demi-accent de reproche, c'était moi qui manquais de mémoire... je ne m'appelle pas Mariette, je m'appelle Marianne, et je suis la fille du père Duclos le passeur, qui vous a retiré de l'eau un jour que vous étiez tombé dans le gué du moulin rouge, en jouant au bateau avec un sabot. Vous rappelez-vous maintenant?

— Quoi! dit Claude, c'est vous qui êtes Marianne Duclos?... Excusez-moi, mademoiselle, si j'ai été aussi longtemps à vous reconnaître; mais le nom nouveau, le lieu où je vous retrouve, le changement qui s'est opéré en vous, et surtout les circonstances qui m'amènent aujourd'hui, tout cela avait si peu de rapport avec Marianne, que je n'aurais jamais supposé que vous puissiez être la même personne que j'ai connue autrefois.

— Vous saviez cependant que j'étais à Paris, dit Mariette, car le jour où j'ai quitté Cèzy, j'ai été au presbytère pour faire mes adieux à M. le curé, qui avait toujours été si bon pour moi.

— Je me le rappelle en effet, dit Claude.

— Et depuis, reprit Mariette, vous n'avez plus entendu parler de moi. On doit pourtant dire bien du mal de Marianne là-bas?

— Je ne sais, dit Claude.

— Oh! tout ce qu'on dit de moi, je mérite qu'on le dise, ajouta Mariette, et de ceux qui m'ont connue autrefois, vous n'êtes pas le seul qui ne me reconnaîtriez pas... ou qui ne voudriez pas me reconnaître aujourd'hui. Allons, dit-elle en faisant un geste brusque, on n'est pas toujours ce qu'on aurait voulu être ; je suis ce que je suis, ou plutôt ce qu'on m'a faite ; mais, vous, monsieur Claude, vous avez donc quitté votre oncle ?

— Je suis venu à Paris pour y étudier la médecine, répondit le jeune homme.

— Vous êtes étudiant ? Comment se fait-il donc que je ne vous aie jamais rencontré ? demanda Mariette. Est-ce que vous habitez de l'autre côté de l'eau ?

— Je demeure dans ce quartier, répondit Claude ; mais je sors peu de chez moi.

— Vous vivez tout seul ? demanda Mariette.

— Certainement tout seul. — Mais, reprit Claude, qui voulait enfin aborder le motif qui faisait l'objet de sa visite, vous alliez sortir quand je suis arrivé, je ne voudrais pas vous retenir plus longtemps... Marianne... pardon, mademoiselle Mariette.

— Pourquoi vous reprendre ? fit la jeune fille. Non, je ne suis pas pressée, ajouta-t-elle : d'ailleurs je ne pourrais pas sortir en ce moment, car il va pleuvoir ; il pleut déjà, voyez, dit-elle en indiquant les fenêtres, dont les vitres étaient fouettées par les gouttes rapides et bruyantes d'une pluie d'été ; nous avons bien le temps de causer, — à moins, dit-elle, que vous ne soyez pressé, vous ?

— Non pas moi, mais celui qui m'envoie.

— C'est vrai, je ne pensais déjà plus que vous étiez venu chez moi pour un autre ; mais au fait, expliquez-moi donc, monsieur Claude... Vous m'appelez mademoiselle, cela m'oblige à vous dire monsieur, interrompit Mariette en façon de parenthèse malicieuse... expliquez-moi donc comment vous avez connu Fernand ; il ne m'a jamais parlé de vous.

— J'ai vu M. Fernand aujourd'hui pour la première fois, répondit Claude, et il répéta à Mariette tout ce qui s'était passé la matinée à l'hôpital entre lui et Fernand, et comment celui-ci l'avait envoyé auprès d'elle pour savoir ce qu'elle était devenue. Mariette écouta sans tressaillir ce récit, dans lequel le neveu du curé Bertolin avait mis toute l'émotion que lui inspirait la sympathie qu'il éprouvait pour celui qui l'avait chargé de cette mission. Lorsque Claude eut achevé, il n'aperçut aucune trace de sensibilité sur le visage de la jeune fille.

— Cette fille n'a pas de cœur, pensa-t-il en lui-même, et il jeta sur Mariette un regard si dédaigneux, que celle-ci devina probablement sa pensée, car elle lui dit :

4.

— Je sais ce que vous pensez de moi, monsieur Claude.

— Que devrai-je dire à M. Fernand quand je le verrai demain ? demanda Claude froidement.

— Je ne puis répondre maintenant, dit Mariette. Vous aviez raison tout à l'heure, je me suis attardée trop longtemps. Il faut que je sorte, j'ai affaire. La pluie a cessé ; je m'en vais.

Et, ayant pris son châle et son chapeau, elle fut prête en un moment.

—Avant de partir, donnez-moi au moins une bonne parole.

— Je réfléchirai, dit Mariette en mettant ses gants.

— Mais songez que je dois voir Fernand demain matin, insista Claude. Pensez à son inquiétude, à ce qu'il souffre.

— Eh bien ! nous pourrons nous voir d'ici là.

— Nous revoir ! dit Claude étonné. A quoi bon ? Et puis, quand nous reverrons-nous ? Tout mon temps est pris.

— Ce soir.

— Mais où ? Je ne puis recevoir personne chez moi, fit Claude avec vivacité, une femme surtout.

— Ah ! mon Dieu, répliqua Mariette, qui vous demande à aller chez vous ? que dirait votre maîtresse ? Je ne pense pas plus à cela qu'à vous proposer de venir chez moi, où il serait inconvenant que je vous reçusse, le soir surtout.

— Eh bien ! alors ? demanda Claude.

— Hé ! ne peut-on se voir ailleurs ? Paris est grand. Je serai à huit heures au Luxembourg, allée de la grille d'Enfer ; je vous y attendrai. Vous m'aiderez à décider comment je dois agir avec Fernand. Viendrez-vous ? demanda Mariette en regardant fixement le jeune homme.

— Oui, répondit-il, j'irai.

— Eh bien ! partons maintenant, ajouta Mariette en ouvrant la porte.

Quand ils furent dans la rue, Claude allait se séparer de Mariette, mais celle-ci le retint.

— Ayez donc la bonté de m'offrir votre bras jusqu'à la voiture, lui dit-elle, c'est à deux pas.

Claude parut hésiter un instant, cherchant sans doute une manière convenable de formuler un refus ; mais, n'ayant point trouvé, il tendit gauchement son bras sans mot dire.

— Je suis indiscrète, dit Mariette, ce n'est pas votre chemin peut-être ?

— Non, ce n'est pas mon chemin.

— Et puis, ajouta Mariette, qui semblait prendre plaisir à taquiner Claude, vous avez peur de rencontrer votre maîtrese. Est-ce qu'elle est jalouse ?

— Je suis libre de faire ce que je veux, dit Claude entre ses dents. Tenez, reprit-il, voici une voiture vide qui passe justement. Nous n'avons pas besoin d'aller plus loin. — Et, faisant signe au cocher, Claude s'arrêta brusquement sur la place et quitta le bras de Mariette, à qui le cocher vint ouvrir la portière.

— A ce soir! dit-elle en faisant un geste amical auquel Claude répondit par un simple salut.

En donnant rendez-vous à Claude dans les allées du Luxembourg, ce n'était pas au mandataire officieux de Fernand de Sallys, c'était au neveu du curé Bertolin que Marianne Duclos, la fille du passeur de Cèzy, s'était surtout proposé d'ouvrir son âme. Elle voulait raconter à Claude toute une période sa vie dont elle n'avait encore osé dire à personne ni les joies ni les souffrances. Quant à Claude, après avoir d'abord accepté le rendez-vous sans trop d'hésitation, il en était venu plus tard à se repentir de n'avoir pas refusé la mission qui jusque-là n'avait abouti à rien, puisque Mariette s'était renfermée dans des réponses évasives. Il s'était reproché d'avoir laissé prendre à l'entretien qu'il venait d'avoir avec la jeune fille une tournure qui avait presque constamment éloigné sa visite de son but véritable pour en faire une causerie où il n'avait guère été question que de Mariette et de lui. Une voix intérieure semblait lui répéter : Prends garde ! — Mais à ce conseil du pressentiment, une autre voix répondait en même temps : Prendre garde ?... à quoi ? où est le danger ? qu'y a-t-il à craindre ? D'ailleurs n'avait-il pas promis à Fernand de lui rapporter des nouvelles de Mariette, et pouvait-il se dispenser de tenir sa promesse ? Pourquoi ne pas achever ce qu'il avait commencé ? — J'irai au Luxembourg, décida Claude ; je verrai Mariette ; elle m'expliquera ce que je dois répondre de sa part à Fernand, et tout sera dit.

A huit heures juste, il se trouvait à l'endroit que lui avait indiqué la jeune fille. Elle y arriva en même temps que lui ; seulement Claude ne la reconnut pas d'abord, car elle avait remplacé l'élégante toilette du matin par une mise très-simple. Un voile épais qui tombait de son chapeau de paille sans fleurs ni rubans cachait son visage, une robe de toile grise, un mantelet pareil, des manchettes unies relevées en forme de cornet, évidaient encore la finesse du poignet, et mettaient en valeur la blancheur et la délicatesse d'une main patricienne.

Au moment où Claude allait passer auprès d'elle, Mariette, voyant qu'il ne s'arrêtait pas, l'aborda en soulevant son voile à demi.

— Me voici, dit-elle.

— Ah ! pardon, fit Claude un peu étonné ; je ne vous aurais pas reconnue.

Il y eut un instant de silence. Mariette attendait sans doute que le jeune homme lui offrît son bras ; mais il ne paraissait point y songer. Il se bornait à marcher auprès d'elle, en réglant son pas sur le sien. Un caillou que Mariette heurta du bout de son pied la fit trébucher légèrement, et elle profita de ce mouvement pour appuyer sa main sur le bras de Claude, qui se trouva ainsi dans la nécessité de le lui offrir ; mais ce fut avec une mauvaise grâce si apparente, que Mariette ne put s'empêcher de s'en apercevoir.

— N'ayez pas peur qu'on vous voie avec moi, monsieur Claude, lui dit-elle d'une voix pleine d'humilité chagrine ; je me suis arrangée exprès pour ne pas être reconnue. Et puis, si vous le voulez, nous pouvons descendre dans le potager; nous y serons presque seuls.

Ils descendirent le petit escalier qui mène aux terrains potagers et prirent une des allées les plus solitaires de cette rustique et tranquille partie du jardin. La soirée, d'une sérénité parfaite, rappelait celle où Claude était venu pour la première fois au Luxembourg. Les feuillages, lavés par la pluie de la journée, dégageaient dans l'air rafraîchi une pénétrante et verte odeur de végétation qui enivrait le poumon. Les deux premiers tours de promenade furent silencieux. Claude attendait que Mariette ouvrît la conversation, et Mariette cheminait au bras de Claude en chassant du bout de son ombrelle toutes les feuilles tombées qui se trouvaient sur son chemin. Son pas était celui d'une personne qui marche au hasard, en causant tout bas avec sa pensée; sa tête se penchait dans une mesure réglée qui semblait obéir au mouvement de valse d'un vieil air qu'un orgue de Barbarie nasillait dans une rue voisine.

— Eh bien! mademoiselle, demanda Claude tout a coup, avez-vous réfléchi?

Cette brusque interrogation tombée à l'improviste au milieu de sa rêverie fit faire un mouvement à la jeune fille. — Hein! dit-elle, quoi?

Claude répéta sa question. — Réfléchi? répondit Mariette; ah! oui, je comprends. — Et sa figure prit une expression sérieuse.

— Eh bien ? dit Claude.

—Eh bien! répondit Mariette, mon parti est pris. Vous ferez entendre à Fernand qu'il doit renoncer à moi, et que notre liaison, qui pour son malheur n'a que trop duré, est rompue.

—Mais, demanda Claude, quel motif devrai-je lui donner?

— Il doit presque être préparé à une rupture, répliqua Mariette, après l'abandon où je l'ai laissé pendant ces derniers temps, car, d'après ce que vous m'avez dit vous-même, lorsqu'il vous a envoyé chez moi, il n'était pas sûr que vous m'y trouveriez... seule.

— C'est vrai, dit Claude ; mais ce n'était qu'une crainte incertaine, et si un soupçon suffisait pour lui faire souffrir ce qu'il souffre, que sera-ce donc quand il saura que sa supposition s'est réalisée? Je vous le répète, mademoiselle, cette nouvelle peut lui porter un coup terrible. N'y regardez-vous pas à deux fois avant de prendre un parti dont le résultat peut amener la perte de sa raison?

—Monsieur Claude, reprit vivement Mariette en

arrêtant le jeune homme, Fernand, à ce que je devine, vous a longuement parlé de notre liaison.

— Il m'a tout dit, et ce que j'ai appris m'a suffi pour le prendre en pitié...

— Et moi en mépris sans doute, interrompit Mariette. Ah ! je le vois bien, ce que votre bouche tait, vos yeux le disent.

— Écoutez, Mariette, reprit Claude, je n'ai pas l'expérience du sentiment qui vous lie à Fernand. Pour moi, l'amour n'est encore qu'un mot, et un mot qui m'effraye, je l'avoue. Je n'ai pas le droit de faire des remontrances aux autres, et je ne vous en ferai pas. Fernand m'a parlé longuement de vous, c'est vrai, et j'ai vu qu'il avait beaucoup souffert à cause de vous. Je ne vous connaissais pas alors, et je puis vous le dire : en apprenant qu'il existait une femme qui laissait dans un hospice, et près de mourir, l'homme qu'elle disait aimer, qui l'abandonnait en proie à son agonie, et qui ne s'informait point même si elle n'avait pas à prendre le deuil de cet homme, j'ai dit que cette femme était une horrible créature. C'était la première fois que je me trouvais en face de l'ingratitude, et ce vice odieux m'a épouvanté. Les tourments de toute nature que Fernand a endurés pour vous, son avenir compromis, sa vie dont vous avez fait un enfer, et toutes les faiblesses sur lesquelles il s'est volontairement aveuglé, — comme lui sans doute j'aurais tout pardonné; mais il est des choses devant lesquelles l'indulgence serait condamnable : c'est l'ingratitude, c'est l'absence de pitié chez une femme, dont les fautes sont excusables souvent parce qu'elles naissent de la pitié même. C'est cet oubli qui n'attend pas la mort, — ce sont ces larmes hypocrites, c'est cette douleur feinte plus monstrueuse que l'insenbilité, c'est plus que du mauvais cœur, c'est le manque de cœur, c'est la renonciation cynique à toute indulgence et le cynique appel au mépris.

— Et Fernand ! s'écria Mariette, et Fernand ! a-t-il partagé votre indignation ? a-t-il aussi pour moi ce mépris qui fait votre parole si dure ?

— Plût au ciel ! répondit Claude. Si Fernand vous méprisait, il serait sauvé de vous; car s'il est vrai que l'amour soit une grande passion, il ne doit pas résister au mépris.

— Eh bien ! alors, monsieur Claude, interrompit Mariette avec vivacité, puisque vous vous intéressez à Fernand, il faut m'aider à achever ce que j'ai déjà commencé le jour où j'ai cessé d'aller le voir à l'hôpital. Il faut faire passer dans l'esprit de Fernand toute l'indignation qui est dans le vôtre. Il faut, sans pitié pour ce qu'il souffrira, l'amener à avoir pour moi ce mépris indifférent, calme, dédaigneux, qui peut faire oublier que celle à qui on parle est une femme, après tout, dont l'enfance a été compagne de la vôtre et qui fut l'amie de vos premiers jeux. Il faut que Fernand me haïsse autant qu'il m'a aimée, que mon nom lui emplisse le cœur de répugnance, qu'il rougisse de moi, qu'il ait honte de m'avoir connue, comme vous-même avez honte en ce moment d'avoir à votre bras cette créature qui s'appelle Mariette, et que son ancien nom de Marianne n'a pas pu préserver de ce mépris impitoyable dont l'accable le seul être au monde de qui, à défaut d'estime, elle voudrait obtenir au moins la pitié.

— Mademoiselle, murmura Claude, pardon, j'ai été brutal avec vous.

— Monsieur Claude, reprit Mariette, je ne vous fais pas de reproches. Quand je me serai expliquée, ce que vous appelez en ce moment ingratitude et manque de cœur, peut-être lui donnerez-vous un autre nom ; mais si je m'explique, ce sera seulement à la condition que tout ce que je vous dirai sera tenu secret, et que, pour Fernand, je n'aurai point cessé d'être ni ingrate, ni hypocrite, ni impitoyable, car je me le suis promis à moi-même : il faut que Fernand soit sauvé de moi, et que son amour succombe au mépris que je lui inspirerai.

Ces dernières paroles avaient été prononcées avec l'accent volontaire qui dénonce une résolution longtemps combattue, mais décisive une fois qu'elle a a été prise. Claude regarda Mariette attentivement ; son teint était animé, sa poitrine était oppressée, et tout son corps paraissait agité par une contraction nerveuse.

— Vous souffrez ? demanda Claude en la forçant à s'arrêter un instant.

— Non, répondit-elle, cela est passé : tout à l'heure, quand vous m'avez parlé avec tant de sévérité, cela m'a fait mal ; mais je ne vous en veux pas, toutes les apparences étaient et sont encore contre moi.

— Vous avez parlé d'une explication ? reprit Claude.

— D'abord, répliqua Mariette, avant d'arriver à ce qui concerne ma liaison avec Fernand et aux raisons qui me poussent à la rompre aujourd'hui, me permettrez-vous de vous parler un peu de moi ? Voulez-vous savoir comment Marianne est devenue Mariette ?

Sans attendre la réponse du jeune homme, elle

commença son histoire depuis l'époque où elle avait quitté la province pour venir à Paris. Dans ce récit, Mariette fut un biographe impartial. Elle dit tout naïvement, sans réticences mensongères, sans artifices de langage pour atténuer les choses qui lui étaient défavorables, et sans cynisme cependant, avec une humilité contrite, qui laissait deviner un regret sincère, une désolation navrée, au fur et à mesure que cette confession faite à un autre lui retraçait en même temps à elle-même la déchéance où elle se voyait tombée.

A l epoque de son veuvage, et pour faire une bouche de moins dans la maison, où le pain quotidien
n'emplissait pas toujours la huche, le père Duclos,
le *passeur*, dont le métier avait été ruiné en partie
par l'établissement d'un pont qui lui enlevait ses pratiques, avait envoyé Mariette chez un de ses parents
éloignés, qui tenait à la Râpée un établissement de
marchand de vins aubergiste où descendaient les vi-
gnerons et les mariniers de l'Yonne. Mariette entra
chez son cousin comme servante. Elle avait alors un
peu plus de quinze ans : c'était une robuste beauté
campagnarde, dont les grosses joues bouffies par une

pléthore de santé avaient les roses couleurs du vin nouveau, et dont les mains étaient rouges à effrayer un bœuf. Son cousin — les Bourguignons sont un peu les Normands du centre — aurait, pour l'avarice, damé le pion a un natif de Caudebec. Peu soucieux des liens de famille, il traitait la jeune fille sans ménagement, plus durement même que si elle eût été une étrangère, car il savait qu'elle était obligée de supporter sa brutalité. C'était son pain que Mariette était venue chercher dans cette maison, et, pour le gagner, il fallait bien qu'elle se résignât à subir l'existence telle qu'elle lui était offerte. Elle vivait là depuis six mois, faisant chaque jour un travail de mécanique, sans que jamais une bonne parole tombât des lèvres de son parent pour la récompenser de ce rude labeur.

Au retour de la belle saison, la clientèle grossière qui fréquentait l'auberge s'augmenta, une ou deux fois par semaine, de quelques sociétés de jeunes gens qui venaient faire des parties de canot sur la Seine. Le plus souvent, ces compagnies de marins d'eau douce se composaient d'étudiants. Dans le trajet, ils s'arrêtaient à *la Bonne Cave*, — c'était l'enseigne de l'auberge, — où une chambre leur était réservée. Pour la jeune fille, c'était presque une distraction de se trouver parmi les étudiants, qui ne la rudoyaient point comme le faisaient les gens du port; aussi, le mercredi et le dimanche attendait-elle avec une certaine impatience l'arrivée de l'équipage de *la Glaneuse.*

Un jour, pendant qu'elle servait le dîner des canotiers, elle ne répondit pas assez vite à l'appel d'un ouvrier qui se trouvait dans la salle commune; et lorsqu'elle arriva près de lui, cet hommme l'injuria avec tant d'emportement, qu'elle ne put réprimer une réplique qui redoubla la colère de celui-ci. Le maître de l'auberge arriva dans ce moment et vit son habitué qui se disposait à s'en aller, disant qu'il allait se faire servir ailleurs, puisqu'on répondait à ses réclamations par des sottises. Marianne voulut s'excuser; mais son cousin furieux ne lui en donna pas le temps, et, avant qu'elle eût ouvert la bouche, elle fut étourdie par un soufflet qui lui mit tout le visage en sang. En la voyant revenir en cet état, les étudiants lui demandèrent ce qui était arrivé. Marianne, en pleurant, leur raconta la scène qui venait de se passer, et en quelques mots les instruisit de la façon dont elle était traitée par son parent.

— Pourquoi diable restez-vous chez cette brute? demanda l'un des jeunes gens. La jeune fille raconta les motifs qui la forçaient quand même à demeurer dans la maison.

—Dis donc, murmura l'un des canotiers à l'oreille de son camarade, en lui désignant Marianne, c'est une belle fille que cette villageoise.

—Oui, répondit l'autre, avec six mois de paresse pour lui blanchir les mains, un brin de pâleur parisienne mêlée à son teint campagnard, et une robe de soie sur le dos au lieu d'un sac, ça en ferait *une de plus!*

— Ma foi, telle qu'elle est, elle me plairait déjà beaucoup, continua l'étudiant en remarquant l'attitude dolente de Marianne.

—Mademoiselle Marianne, reprit le jeune homme, cela vous ferait-il bien plaisir que j'aille casser un bras au lourdaud qui vous a fait battre?

— Oh! non, monsieur Édouard, je vous en prie; s'il arrivait une querelle à cause de moi, mon cousin me chasserait.

— Eh bien! s'il vous chasse, vous viendrez chez moi.

— Chez vous! fit Marianne en ouvrant de grands yeux.

— Eh parbleu! oui, répliqua le jeune homme; je ne vous battrai pas, moi.

— Mais qu'est-ce que je ferais chez vous? demanda

Marianne avec un accent naïf qui fit pousser de grands éclats de rire aux jeunes gens.

— Parbleu! répliqua l'étudiant, qui riait comme tout le monde, vous mettrez des boutons à mes chemises qui n'en ont jamais, et des cordons à mes faux cols qui en manquent toujours.

En ce moment, une voix brutale et quasi menaçante appela Marianne dans la salle voisine.

— Oh! mon Dieu, s'écria-t-elle en faisant un geste d'effroi, c'est ce méchant homme.

— Ne lui répondez pas, j'y vais aller pour vous, dit Édouard, et il s'élança hors du cabinet accompagné d'un de ses amis qui l'avait suivi, devinant sans doute ce qui allait se passer. Les deux jeunes gens étaient sortis depuis deux minutes à peine, lorsqu'un grand tumulte, mêlé d'injures et de cris, se fit entendre dans la grande salle, où Marianne se précipita ; mais elle poussa un cri terrible et tomba évanouie en apercevant Édouard qui chancelait entre les bras de son ami et dont la figure était couverte du sang qui ruisselait d'une blessure profonde, ouverte au front par un tesson de bouteille. A quelques pas de lui gisait sur le parquet l'ouvrier du port à qui Édouard avait cherché querelle. Il avait été atteint en pleine figure par un coup de poing qui lui avait brisé la mâchoire.

Les étudiants transportèrent leur ami chez un pharmacien du voisinage, et, après la pose d'un premier appareil, ils envoyèrent chercher une voiture pour le ramener à Paris.

Lorsque Marianne revint à elle, tout le monde était déjà parti, et ce qu'elle avait prévu arriva. Son cousin, ayant été instruit qu'elle avait été la cause de la querelle entre l'étudiant et l'ouvrier, la maltraita plus durement qu'il n'avait fait jusqu'alors et l'avertit qu'il allait la renvoyer à son père, auquel il ferait part de la belle conduite qu'elle menait avec les étudiants, — car, ajouta-t-il, ce n'est sans doute pas pour rien que ce jeune homme a risqué de se faire casser la tête ; et comme, en servant les jeunes gens, Marianne se trouvait quelquefois seule avec eux, son cousin tira de ce fait des conclusions qu'il exprima dans le langage le plus cynique. Marianne protesta de son innocence et supplia son parent de ne pas la renvoyer à son père ; mais le maître de *la Bonne Cave* fut impitoyable et quitta la jeune fille en lui répétant que dans trois jours elle retournerait dans son pays, où le bruit de sa mauvaise conduite serait arrivé avant elle.

Marianne pleura toute la nuit ; cependant peu à peu son chagrin personnel finit par disparaître devant l'inquiétude qui s'éveilla en elle au souvenir de l'étudiant blessé. Toute la nuit, elle eut devant les yeux la figure d'Édouard couverte de sang, et son cœur battait avec violence, et ses larmes coulaient plus abondantes. Le lendemain matin, en faisant son service dans la grande salle où les ouvriers du port étaient rassemblés pour déjeuner, elle fut accueillie par eux avec mille sarcasmes grossiers. Ils s'entretenaient de la scène de la veille, et, à quelques paroles échangées entre eux, la jeune fille ne tarda pas à comprendre qu'ils méditaient une terrible revanche le jour où les étudiants reviendraient chercher leur canot, qu'ils n'avaient pu emmener la veille. Marianne, qui avait plus d'une fois assisté à ces collisions très-fréquentes sur le port, savait combien elles étaient dangereuses, et fut épouvantée du terrible guet-apens dans lequel devait tomber l'équipage de *la Glaneuse*. Elle eut sur-le-champ l'idée de faire prévenir les étudiants du danger qui les menaçait; mais comment? par qui? et où les trouver d'ailleurs? Elle ne connaissait pas leur adresse et ne savait que le nom de l'un d'eux, celui d'Édouard, vers qui sa pensée, aimantée par une pitié presque tendre déjà, se tournait obstinément. Une circonstance fortuite vint la tirer de son embarras. Comme elle passait, dans la journée, devant la boutique du pharmacien où Édouard avait été transporté après la bataille, l'élève en pharmacie qui avait pansé le blessé l'appela pour lui remettre un portefeuille qu'il avait trouvé dans sa boutique après le départ des jeunes gens. — Comme ces messieurs viennent souvent à *la Bonne Cave*, dit-il, vous rendrez le portefeuille à M. Édouard G..., à qui il appartient.

— Ah ! fit Marianne avec un ton de vivacité qui surprit le pharmacien, c'est le portefeuille de M. Édouard ?

— C'est le nom que portent un diplôme de bachelier et des cartes de visite qui s'y trouvent.

— Est-ce que l'adresse de M. Édouard s'y trouve aussi ? demanda Marianne en ouvrant une poche du portefeuille.

— Je crois que oui, répondit le pharmacien ; il doit demeurer dans le quartier des écoles.

— Rue des Grès, hôtel de..., s'écria Marianne, qui avait regardé une carte de visite.

— Mais au fait, demanda le pharmacien, en regardant la jeune fille fixement, qu'est-ce que cela vous fait ?

— Ah ! répondit-elle en feignant beaucoup de simplicité, c'est que mon cousin disait hier au soir qu'il voudrait bien savoir l'adresse de ces messieurs. Il a peur qu'ils ne reviennent plus à *la Bonne Cave* à cause de la querelle d'hier; il voudrait aller leur faire des excuses et s'informer de l'état du blessé. Dame, ajouta Marianne, mon cousin a raison ; ces jeunes gens font beaucoup de dépense à la maison, et leur pratique vaut bien qu'on prenne la peine de se déranger. Ce portefeuille lui fournira l'occasion de faire une visite au blessé. Ça n'est pas bien dangereux, n'est-ce pas, ce coup qu'il a reçu? demanda-t-elle en s'efforçant de donner à cette interrogation le ton d'une indifférente curiosité.

— Peuh! fit le pharmacien, si votre cousin veut arriver à temps, je lui conseille de se dépêcher : le tétanos pourrait bien lui enlever sa pratique.

— Je vais lui dire d'y aller tout de suite alors, reprit Marianne en s'appuyant au comptoir pour ne pas tomber. Est-ce bien loin d'ici, la rue des Grès ?

— C'est à côté du Panthéon, répondit le pharmacien.

— Merci, dit Marianne, et elle sortit de la boutique en se soutenant à peine.

Son parti était pris déjà ; elle ne voulait pas retourner dans son pays. Qu'y ferait-elle d'ailleurs ? Les calomnies qu'elle trouverait répandues sur son compte lui rendraient la vie insupportable ; toutes les maisons se fermeraient à son approche ; on la montrerait au doigt dans le village, et son père voudrait-il la recevoir? Et puis elle se sentait attirée vers Paris. Au milieu de son chagrin et de ses inquiétudes sur l'avenir, elle éprouvait une joie singulière dont la cause, encore confuse pour son esprit, ne l'était déjà plus pour son cœur. C'était bien décidé, le soir même elle quitterait cette maison de *la Bonne Cave* où elle avait été si malheureuse. Où irait-elle, et que deviendrait-elle? C'était le secret du lendemain presque, car la pauvre fille n'avait pas de quoi se suffire à elle-même plus de trois ou quatre jours ; elle n'avait pas un ami dans la grande ville. Cependant le jeune homme qui avait presque risqué sa vie pour la protéger contre une brutale oppression n'était-il pas un ami pour elle, l'abandonnée et la misérable? Ne pouvait-elle aller chez lui pour lui expliquer sa situation ? Si naïve qu'elle pût être alors, Marianne ne se dissimulait pas combien cette démarche était hasardeuse et délicate : à quel titre pouvait-elle se présenter chez ce jeune homme? Comment y serait-elle reçue, et que penserait-il d'elle en la voyant arriver? Mais au milieu de ces hésitations elle se rappelait le fâcheux pronostic du pharmacien et le complot des ouvriers du port, dont les étudiants devaient être victimes, s'ils retournaient à *la Bonne Cave :*

ne devait-elle pas les prévenir de se mettre en garde, et le hasard qui lui avait procuré le moyen de les retrouver ne l'avait-il pas choisie exprès pour cela même ? Et d'ailleurs, ces jeunes gens lui eussent-ils été entièrement étrangers et inconnus, n'était-ce pas toujours un devoir d'éviter à son prochain le danger qui le menace ? N'était-ce donc pas une action honnête qu'elle ferait en allant savoir l'état dans lequel se trouvait l'homme qu'on disait en danger de mort, à cause d'elle après tout ? Pouvait-elle n'y pas aller sans manquer au sentiment de la reconnaissance et de la pitié ? Ah ! la pitié, c'est toujours par là que commence chez les femmes ce même amour qui doit les rendre plus tard impitoyables.

Pendant que l'esprit de Marianne amassait tous ces prétextes spécieux pour s'en faire une raison qui apaisât sa conscience mal convaincue, son cœur trouvait la meilleure raison, qui était la vraie et la seule à trouver; elle se rappelait qu'Édouard lui avait dit :
— Si on vous renvoie, venez chez moi. — Chez lui ! mais que pourrai-je y faire ? se demandait Marianne, combattue par un dernier scrupule. Et la pitié lui disait encore : Il souffre, il est mourant peut-être ; qui pourra mieux que toi l'entourer des soins que son état réclame ? Tu demandes ce que tu iras faire

chez ce jeune homme? Tu feras l'évangélique métier
des pieuses créatures qui veillent aux chevets des
hôpitaux, tu remplaceras sa sœur ou sa mère absentes, et dans son délire peut-être il prendra ta
main pour celle d'une femme aimée. — A cette dernière pensée, Marianne sentait son cœur traversé
subitement par une douleur inconnue. Dans le portefeuille qu'on lui avait remis pour qu'elle le rendît à
Édouard, elle avait en effet trouvé des lettres de
femme adressées à l'étudiant. Ces fragments de correspondance, qui contenaient le douloureux récit
d'une passion récemment brisée, étaient écrits dans
un style qui attestaient une fréquentation assidue des
écrivains qui ont depuis trente ans imprimé un si
grand mouvement à la poésie et à la philosophie modernes. En lisant ces lettres, il avait semblé à Marianne
qu'elle lisait dans une langue étrangère, et cependant
sans comprendre les mots, elle devinait par intuition
le sens des pensées qu'ils exprimaient. Elle souffrait
toutes les souffrances de cette femme qui avait été la
maîtresse d'Édouard, et s'associait instinctivement
aux déchirements d'un cœur que la raison forçait
d'abjurer son idolâtrie; puis, un instant après et par
réflexion soudaine, l'égoïsme naturel reprenait le
dessus, et la jeune fille remerciait le hasard qui, en

livrant ces lettres à son indiscrétion, lui donnait la preuve que l'étudiant ne tenait plus à la femme qui les avait écrites ; elle pensait à tout ce qu'elle aurait eu à souffrir, si cette correspondance, au lieu de renfermer l'acte mortuaire d'un amour oublié par l'étudiant, en avait contenu pour ainsi dire l'acte de naissance, et elle frémissait de tout son être. Après une longue lutte, Marianne se décida à aller chez Édouard, et comme pour s'enlever tout motif à de nouvelles hésitations, ce fut un prétexte futile qu'elle choisit comme raison capitale. « Il faut bien que j'y aille de toute manière, se dit-elle ; et son portefeuille que j'ai promis de lui rendre ! »

Le soir même à minuit, quand tout le monde dormait, Marianne quitta silencieusement la maison de *la Bonne Cave*, emportant ses hardes dans un petit paquet. Ignorante des chemins, elle s'égara dix fois dans la route, et n'arriva à l'hôtel de la rue des Grés qu'à une heure très-avancée de la nuit. Il fallut même toute son insistance pour qu'on la laissât pénétrer chez Édouard ; il était veillé par un ami, l'un de ceux qui l'avaient récemment accompagné à *la Bonne Cave*. En entrant dans la chambre, la première parole de Marianne fut pour demander des nouvelles de l'étudiant ; mais son ami fut tellement surpris par l'arrivée de la jeune servante à cette heure indue, qu'au lieu de répondre aux questions qu'elle lui adressait, il accumulait les siennes pour avoir l'explication de sa présence. Marianne lui raconta brièvement tout ce qui s'était passé à *la Bonne Cave* depuis le départ des étudiants ; elle le prévint du complot tramé contre eux, et, quand elle eut tout dit, elle renouvela ses questions au sujet du blessé avec un accent si ému, un regard si plein d'anxiété, que l'ami d'Édouard ne put s'empêcher d'en être surpris. Il confirma à Marianne les craintes que celle-ci avait apportées avec elle. Le chirurgien qu'on avait appelé s'était enfermé dans des réticences de mauvais augure, il avait même conseillé d'écrire aux parents d'Édouard ; mais celui-ci, qui ne voulait pas croire au danger, s'y était formellement opposé. Dans la soirée, son état avait encore empiré ; le contre-coup de la blessure avait déterminé un épanchement dans les organes cérébraux, et le délire l'avait pris. Au moment où Marianne était entrée, il venait de s'endormir : c'était le premier instant de repos qu'il eût goûté depuis deux jours.

— Eh bien, ma pauvre enfant, demanda l'ami à Marianne qui se tenait debout au milieu de la chambre, que comptez-vous faire maintenant, et où irez-vous ?

— Où j'irai? répondit-elle machinalement en faisant un pas vers le lit ; où j'irai, je ne m'en suis pas encore occupée.

— Mais vous aviez une idée, sans doute, quand vous êtes partie de chez votre parent. Où alliez-vous si tard, toute seule, sans connaître les chemins?

— Où j'allais? dit Marianne, où vouliez-vous que j'aille ? Et quand même j'aurais su où aller, n'était-ce point ici que que je devais venir d'abord? Ai-je donc mal fait, et croyez-vous que M. Édouard serait fâché contre moi, s'il me savait ici ? Ah ! je ne pouvais rester plus longtemps sans savoir au juste ce qui en était de sa blessure, et maintènant que je le sais, ajouta-t-elle en essuyant ses yeux avec son mouchoir, il me semble que je ne peux plus m'en aller.

En disant ces paroles, Marianne avait encore fait deux ou trois pas dans la direction du lit vers lequel elle tendit la tête en prêtant l'oreille. Comme elle n'entendit aucun bruit de respiration dans l'alcôve, fermée seulement par un rideau, ce silence l'effraya : un soupçon terrible traversa son esprit, et il lui sembla en même temps que son cœur cessait de battre. Avant que l'ami d'Édourd, qui observait attentivement l'émotion à laquelle Marianne était en proie, eût pu l'en empêcher, la jeune fille écarta brusquement les rideaux d'une main tremblante. La tête du blessé lui apparut alors, rendue encore plus pâle par la blancheur du linge dont elle était enveloppée : sa bouche était toute grande ouverte et paraissait tordue par la suprême contraction de l'agonie, et les yeux, noyés dans une sueur sanglante, avaient le regard fixe de ceux qui ne voient déjà plus la lumière.

— Ah ! mon Dieu, je suis venue trop tard ! s'écria Marianne. Il est mort.

Et elle tomba au pied du lit.

Le bruit de sa chute et le cri qu'elle avait jeté tirèrent le blessé de sa torpeur. Il regarda vaguement autour de lui, murmura quelques mots et se retourna de l'autre côté dans son lit pour éviter la lumière, que sa vue ne pouvait supporter. Au mouvement qu'il venait de faire, l'erreur de Marianne se dissipa, et la joie intérieure qui succéda sans transition à son épouvante se manifesta dans le rayonnement de son regard. La langue de feu de la passion était descendue sur son front, et donnait à son visage un caractère nouveau qui pour un moment la transfigura presque. Après avoir fermé avec précaution les rideaux du lit, elle se rassit dans le fauteuil qui était au chevet et resta quelques minutes silencieuse, écoutant renaître son cœur, immobilisé un instant par une douleur qu'elle n'avait pas encore ressentie, même devant le lit où sa mère était morte. Quand elle fut un peu remise de son trouble, la pauvre fille n'osait plus lever les yeux sur l'ami d'Édouard ; elle comprenait qu'il avait dû deviner la nature réelle du sentiment qui venait seulement de se révéler à elle-même. En effet, le jeune homme, qui n'avait point cessé d'observer Marianne, connaissait déjà son secret, quand celle-ci l'ignorait peut être encore.

— Ne vous désolez pas ainsi, mon enfant, lui dit-il, tout n'est pas désespéré ; Édouard a beaucoup de chances pour lui, la force et la jeunesse pourront le sauver, et, si vous m'en croyez, vous irez prendre un peu de repos ; vous habiterez ma chambre pour aujourd'hui, demain on vous en préparera une autre dans l'hôtel. Moi je veillerai encore Édouard cette nuit. Demain on doit nous envoyer une garde.

— Une garde, s'écria Marianne, une étrangère, quand moi je suis là !

— Vous avez raison, dit l'étudiant ; mais ce soir il faut aller vous reposer.

— Non, répondit Marianne, je ne suis point fatiguée, et je n'ai pas sommeil. Ma place est ici, près de ce lit, et je ne la quitterai pas.

Arrivée à cet endroit de son récit, la voix de Marianne s'affaiblit tout à coup, et elle detourna la tête du côté opposé à celui où se trouvait Claude, qui l'avait jusque-là écoutée sans l'interrompre.

— Eh bien ! lui dit-il, ne continuez-vous pas ?

— Pardonnez-moi, monsieur Claude, répondit-elle ; mais cela est plus fort que moi, voyez-vous ; et si peu digne d'estime que je vous paraisse, je ne puis cependant me rappeler avec tranquillité les événements qui devaient avoir pour résultat de m'amener à être ce que je suis devenue.

Ce fut seulement au bout de quinze jours, reprit Marianne après un nouveau moment de silence, que le docteur déclara Édouard hors de danger. Durant ces quinze jours, le délire ne l'avait pas abandonné ; il ne reconnaissait point ses amis, et j'étais la seule personne dont il voulût accepter les soins ; mais cette préférence, qui aurait dû faire ma joie, faisait au contraire mon supplice de toutes les heures, car, en réalité, ce n'était point moi, Marianne, la pauvre fille, qui étais l'objet de cette préférence : Édouard ne m'avait pas reconnue mieux que les autres ; dans son délire, il me prenait pour cette maîtresse qui l'avait quitté quelques mois auparavant. Cette femme, qui appartenait à la société distinguée de Paris, avait jusque-là été la seule passion sérieuse d'Édouard, mais, après deux années d'une liaison qui, dans les derniers temps, avait été accidentée de crises quotidiennes, Édouard, fatigué d'un bonheur monotone, s'était montré tout à coup si dur, si indifférent, si oublieux vis-à-vis de celle qui lui avait tout sacrifié, que sa maîtresse, malgré le violent chagrin qu'elle ressentit, avait rompu avec lui définitivement. Aux yeux de ses amis, Édouard avait paru d'abord accepter assez froidement cette séparation, qui, disait-il, lui rendait sa liberté; mais, au fond, il n'avait point cessé de penser à celle qu'il aimait peut-être davantage depuis qu'elle était, et par sa faute, à tout jamais perdue pour lui. Pour essayer de se distraire, il avait repris ses habitudes de désordre et de dissipation. Abandonnant ses études, qu'il était près de terminer, il était rentré dans la vie d'oisiveté et de débauche d'où une passion honorable l'avait déjà tiré une fois. Il compromettait volontairement son avenir et mettait son amour-propre en des triomphes faciles, obtenus sur des créatures que la nécessité ou l'habitude livre à qui veut les prendre. Tous ces détails me furent révélés par Édouard lui-même. Le soir, il fallait que je fusse auprès de son lit pour qu'il s'endormît; il prenait mes mains dans les siennes, il les couvrait de baisers, il m'appelait par le nom de *l'autre* et me demandait pardon de tout le mal qu'il *lui* avait fait; il me remerciait d'être revenue l'arracher à une existence où tout ce qui était bon et honnête en lui s'en allait chaque jour lambeau par lambeau. Un soir, il m'obligea même à passer à mon doigt une bague qu'il avait jadis donnée à sa maîtresse, et que celle-ci lui avait rendue lors de leur rupture. — Reprends-la, me dit-il, au nom de tout ce qu'elle rappelle, au nom de notre bonheur passé, reprends-la, et que tout soit oublié!

Ah! tout ce que j'ai souffert durant ces quinze jours, je ne saurais l'exprimer. Les fragiles espérances que j'avais apportées en venant dans cette maison avaient été détruites par Édouard lui-même, qui m'avait ouvert son cœur rempli par une autre. Et pourtant, malgré les tortures cruelles que subissait chaque jour mon pauvre amour, qui avait en naissant reçu le baptême des larmes, j'aimais chaque jour davantage celui qui me faisait la confidente de son amour pour une autre. Malgré tout ce qu'il y avait d'insensé et de douloureux dans cette passion, je ne pouvais l'éloigner de moi; mon cœur chérissait la folie qui faisait son tourment, et j'avais pour elle cette idolâtrie étrange que les mères ont quelquefois pour ces pauvres enfants mal venus qui ne doivent pas voir la fin de leur enfance. La jalousie que m'inspirait la passion d'Édouard pour son ancienne maîtresse avait fait naître en moi une haine violente pour cette rivale inconnue. A son nom seul, les mauvaises pensées traversaient mon esprit, et j'aurais voulu la perdre pour me venger du mal qu'elle me causait, si innocemment pourtant !

Un matin, pendant qu'Édouard dormait, et comme j'étais seule occupée à quelques soins de ménage dans une pièce qui précédait la chambre à coucher, j'entendis frapper deux petits coups à la porte. J'allai ouvrir, et je vis entrer une femme vêtue avec une élégance recherchée. Un voile noir et très-épais, qui tombait sur son visage, m'empêcha de distinguer ses traits ; mais, en la voyant entrer, la précaution qui la fit jeter un rapide regard dans l'escalier pour voir sans doute si elle n'avait pas été suivie, éveilla subitement en moi un soupçon jaloux qui ne devait pas tarder à se réaliser.

— M. Édouard est seul? demanda-t-elle sans paraître aucunement étonnée de ma présence, car elle me prenait sans doute, à cause de mon costume, pour une fille de service de la maison.

— Oui, madame, lui répondis-je.

— Peut-on le voir ? me dit-elle.

— Non, madame. M. Édouard est malade.

— Je le sais.

— Il est très-malade, répliquai-je, et ne reçoit personne ; le médecin l'a défendu positivement.

— Il va donc plus mal ? me dit-elle d'une voix que j'entendis trembler.

Je fis un signe de tête affirmatif.

— Je ne le dérangerai pas, je ne lui parlerai point, continua la dame, en faisant un pas dans la direction de la chambre à coucher. Permettez-moi d'entrer ; je voudrais seulement le voir un instant.

Ce fut alors que mon premier soupçon fut une certitude : j'étais en face de ma rivale.

— C'est impossible, madame, répondis-je avec vivacité en me plaçant devant la porte de la chambre comme pour lui barrer le passage ; Édouard est trop souffrant pour recevoir des visites de qui que ce soit.

Le ton familier avec lequel j'avais prononcé le nom d'Édouard, l'accentuation particulière que j'avais donnée aux mots *qui que ce soit*, parurent étonner l'étrangère. Elle fit un pas en arrière, et resta un moment sans rien dire. Bien que je ne pusse le voir, je sentais que son regard était fixé sur moi et qu'elle se demandait à elle-même qui je pouvais être. Quant à moi, j'attendais qu'elle me fournît une occasion de le lui faire deviner.

— Vous pouvez sans danger me laisser entrer, reprit-elle, il ne vous grondera pas ; je lui dirai que j'ai forcé la porte. Je suis une de ses parentes, ajouta-t-elle avec cet accent de sincérité cherchée qui indique le mensonge.

— C'est impossible, madame, lui répondis-je en la regardant en face ; Édouard n'a aucun parent à Paris.

C'était la seconde fois que je disais, avec intention, *Édouard* tout court. Cette récidive et le ton d'assurance avec lequel je la démentais causèrent à la dame voilée un nouveau tressaillement de surprise qu'elle ne put me dissimuler.

— Comment savez-vous cela, mademoiselle ? me demanda-t-elle brusquement.

— Mais, lui répondis-je avec un ton de simplicité qui redoubla sa surprise, je sais toutes les affaires d'Édouard.

— Au moins, me dit-elle, puisque vous ne voule pas que je voie M. Édouard, pourrai-je savoir la vérité sur son état ? Est-il vrai, comme on le dit, que cette blessure soit très-dangereuse ?

— Dangereuse à en mourir, madame.—Et comme

6.

cette pensée du danger que courait Édouard me faisait toujours pleurer, je portai machinalement la main à mes yeux.

Tout à coup la femme voilée s'empara de ma main, qu'elle prit dans l'une des siennes, et d'une voix impérieuse elle me demanda qui m'avait donné la bague qu'elle venait de voir briller à mon doigt, et qui était précisément l'anneau qu'Édouard m'avait forcée à prendre. Cette fois il ne me restait plus aucun doute. L'étrangère ne dissimulait pas son émotion. Je sentais sa main trembler dans la mienne, j'entendais les battements de son cœur et je devinais toute son angoisse dans l'accent avec lequel, en désignant l'anneau, elle me répéta une seconde fois :
— Qui vous a donné cela ? — Enfin j'avais donc entre les mains ma vengeance ; celle par qui je souffrais tant, je pouvais faire mordre son cœur par la vipère jalouse qui déchirait le mien.

— C'est Édouard qui me l'a donnée, répondis-je en essayant de retirer ma main d'entre les siennes.

— Édouard! murmura-t-elle, mais c'est impossible!

— Pourquoi donc?

— Mais qui êtes-vous, mademoiselle? dit-elle alors en lâchant mes mains et en me regardant en face.

Dans l'espace d'une seconde, je compris que le mensonge que j'allais faire rendrait impossible toute réconciliation entre Édouard et celle que j'allais blesser au plus vif du cœur et de l'amour-propre. J'hésitai un moment, puis je répondis lentement, la tête baissée et d'une voix tremblante :

— Je suis sa maîtresse.

— Tenez, monsieur Claude, dit Mariette, je ne veux pas me faire meilleure que je ne suis, ou que je n'étais alors, ajouta-t-elle, mais je n'eus pas achevé cet aveu, que je m'en étais déjà repentie. Mon cœur, aigri par la jalousie, avait obéi au premier mouvement de la haine, mauvaise conseillère; mais il me parut qu'en ce moment même je ressentais le contre-coup du mal que j'avais causé à cette pauvre femme, et la pitié me prit pour elle, lorsque, songeant à ce qu'elle me faisait souffrir, je devinai ce qu'elle souffrait à son tour, elle encore blessée plus cruellement que moi, puisqu'elle voyait devant ses yeux la créature chétive et misérable pour qui elle était oubliée. C'était la première mauvaise action que je commettais depuis que j'étais au monde, et quelque chose vint me dire que cela me porterait malheur. La femme voilée se retira lentement en me disant qu'il n'était pas utile de dire à Édouard qu'elle était venue.

—Mais comment le pourrais-je, madame? lui répondis-je, je ne sais pas qui vous êtes, et puis, M. Édouard n'a pas même sa raison.

— Ni maintenant, ni plus tard, reprit-elle. Il est inutile qu'il sache que je suis venue. Ainsi, je vous en prie, ne lui en parlez pas.

— Je vous obéirai, madame, lui dis-je en la saluant avec respect.

— C'est dans votre intérêt peut-être que je vous fais cette recommandation, ajouta-t-elle en se retirant.

Au bout de quinze jours, comme je vous l'ai dit déjà, le délire cessa, et le médecin put répondre d'Édouard. En recouvrant sa raison, il parut très-étonné de me voir auprès de son lit faisant fonction de garde-malade, et bien plus étonné encore, quand il apprit que j'étais là depuis le lendemain de son accident.

— Mais, s'écria-t-il en m'examinant plus attentivement, cette pauvre fille est méconnaissable! Elle s'est tuée à passer ainsi les nuits. Pourquoi n'a-t-on pas fait venir une garde? dit-il à son ami l'étudiant qui se trouvait là.

— Marianne n'a pas voulu, répondit celui-ci.

— Comment! dit Édouard en me regardant.

— Quelle raison aurais-je eue pour rester ici? lui

répondis-je en baissant les yeux. N'était-ce pas à cause de moi que vous aviez reçu ce vilain coup qui a failli vous faire mourir? En vous soignant, ai-je fait autre chose que mon devoir? et, ajoutai-je, n'ai-je pas été encore bien heureuse d'en avoir l'occasion, puisque je ne savais où aller en sortant de *la Bonne Cave?* — Et je lui racontai alors que c'était à cause de lui que mon cousin m'avait chassée.

— Vous avez bien fait de venir ici, me répondit Édouard; je vous l'avais dit, je crois me le rappeler d'ailleurs; mais, quand je vous ai dit cela, je n'entendais pas faire de vous ma... servante... au contraire, reprit-il en riant.

J'étais alors si troublée que je ne compris pas l'équivoque.

—Vous êtes bonne, Marianne, reprit-il en me regardant avec beaucoup d'amitié, et vous êtes belle, ajouta-t-il; je ne m'en étais pas encore si bien aperçu que maintenant. Pauvre enfant! vos fraîches couleurs du pays se sont fondues à mener cette vie de fatigue.

— N'y étais-je point accoutumée à la fatigue? répondis-je pour dire quelque chose. Je n'ai jamais été si heureuse que depuis... j'allais dire depuis que je suis ici; mais je me repris...: depuis que je ne suis plus là-bas.

— Heureuse ! En tout cas, on ne le dirait point, reprit Édouard en m'examinant de nouveau. On dirait que vous avez du chagrin... Mais, attendez donc... je crois me rappeler... oui... au milieu de mon délire, quand je me réveillais la nuit, je voyais toujours à mon chevet une femme qui pleurait... c'était vous... mais c'était vous, Marianne. Je croyais que c'était une autre.

— Oui, monsieur Édouard... c'était bien moi, m'écriai-je.

— Mais pourquoi pleuriez-vous ?

— Vous étiez si malade... Et quand je pensais que c'était à cause de moi... je ne pouvais pas m'empêcher... Malgré moi, en disant cela, je me mis à fondre en larmes.

— Eh bien ! me dit Édouard, me voilà hors de danger maintenant.

— Oui, monsieur Édouard ; aussi, je suis bien heureuse... Et maintenant je peux m'en aller.

— Vous en aller, Marianne ! et où irez-vous ? Ne m'avez-vous pas dit que vous ne connaissez personne à Paris ?

— C'est vrai ; mais il faut que je m'en aille.

— Pourquoi ? demanda Édouard ; vous avez donc fait de nouvelles connaissances depuis que vous êtes venue ici ?

— Elle n'a pas seulement quitté le coin du lit, interrompit son ami. Pendant ces deux semaines que tu as passées entre la vie et la mort, Marianne ne s'est pas couchée une seule fois; elle dormait sur sa chaise, et deux ou trois heures par jour seulement; je ne sais pas comment elle a pu y tenir.

— Bonne Marianne! me dit Édouard en prenant une de mes mains qu'il porta à ses lèvres.

Ce baiser me fit frémir; c'était la première caresse que je reçusse d'Édouard, car cette fois elle s'adressait bien à moi, et non à une autre; mais, en portant ma main à ses lèvres, Édouard reconnut la bague de son ancienne maîtresse. Il devint très-pâle et me regarda sans me rien dire; ses yeux n'exprimaient que l'étonnement. Il garda ma main dans la sienne et appuya son front sur le chaton de l'anneau.

— Ah! pardon, monsieur Édouard, m'écriai-je, j'avais oublié de vous la rendre.

Et je retirai de mon doigt la bague, qui roula sur le drap du lit.

— De me la rendre! fit Édouard.

Et quand je lui eus expliqué que c'était lui qui, dans son délire, m'avait obligée à la prendre et que je ne l'avais gardée que parce qu'il paraissait contrarié lorsque je ne l'avais pas à la main, il devint tou rêveur. Cet incident nous rendit silencieux tous les trois, Édouard, son ami et moi.

— Marianne, me dit l'étudiant, faites-moi donc le plaisir de descendre en bas voir s'il n'y a pas de lettres pour moi.

Je compris qu'il désirait rester seul avec son ami et que sa commission n'était qu'un prétexte. Aussi je restai absente plus de temps qu'il n'était nécessaire. Comme je remontais, n'ayant pas trouvé de lettres, en entrant dans la première pièce, j'entendis prononcer mon nom. Je suis superstitieuse et je crois aux pressentiments. Quelque chose me dit que mon sort se décidait. Je retins mon haleine et j'écoutai à la porte de la chambre où Édouard et son ami causaient à voix basse, mais assez distinctement cependant pour que je pusse les entendre. Édouard lisait tout haut une liste contenant les noms de ses amis qui étaient venus savoir de ses nouvelles pendant sa maladie.

— Il n'est pas venu d'autres personnes? demanda-t-il à son ami.

— Je ne pense pas, dit l'étudiant.

— Et elle ? demanda tout à coup Édouard.

— Qui?... ah! répondit l'ami, Hélène?... Comment serait-elle venue et pourquoi?

— Mais tu ne sais donc pas que je lui ai écrit? répliqua Édouard avec vivacité.

— Est-ce que le délire te reprend? répondit l'étudiant. Quand donc lui aurais-tu écrit? Tu as été fou pendant quinze jours; il y avait des instants où tu croyais être le pape.

— Je lui ai écrit le jour même où j'ai été blessé. Le docteur m'avait tellement effrayé, que j'ai cru n'avoir plus deux heures à vivre. Je lui ai écrit que j'étais en danger de mort, que je voulais la voir une dernière fois, qu'à tout prix il fallait qu'elle vînt.

— Tu crois avoir écrit? Tu te trompes.

— J'en suis bien sûr, continua Édouard. Je me souviens, peut-être!... j'ai même fait porter ma lettre en me cachant de toi.

— Alors c'est différent, répondit l'étudiant.

— Elle n'est pas venue! murmura Édouard; elle a su que j'étais mourant, et elle n'est pas venue! Et quand bien même je ne lui aurais pas écrit, elle a dû être instruite du danger où j'étais. Son médecin est le mien, c'est elle qui me l'a procuré. Sans cœur ni pitié! Qu'est-ce que je lui demandais pourtant?... De venir seulement... c'était tout... et elle n'est pas venue!... Elle a su que l'homme qui avait été

7

son amant pendant deux ans avait à moitié le drap des morts sur la figure, et elle n'est pas venue!... elle a continué à aller tranquillement au bal, dans le monde, à l'Opéra... et elle n'est pas venue !

— Elle n'aura pas pu, qui sait? répondit l'ami d'Édouard.

— Elle pouvait bien jadis. Les torts que j'ai pu avoir envers elle autrefois ne justifient pas son abandon d'aujourd'hui; et, d'ailleurs, si elle craignait de se compromettre par une visite, ne pouvait-elle pas écrire? Non, te dis-je, elle est sans excuse; son silence et son abandon me font douter même de son amour passé. — Sans cœur, sans cœur, comme toutes ses pareilles! Et, pendant ce temps-là, qui prenait soin de moi, qui veillait à mon chevet, cœur fidèle et dévoué? Une étrangère, une pauvre fille, qui m'aimait, dis-tu. Ah! je comprends ses larmes maintenant, je comprends tout ce qu'elle a dû souffrir pendant ces quinze jours; et pourtant, elle qui savait que j'en aimais une autre, elle à qui je le disais chaque jour, elle est restée, elle ne m'a pas quitté; ah! le voilà, le véritable héroïsme de l'amour! Il n'est pas chez Hélène, la femme au sentiment timoré, à la passion civilisée, et passée à tous les patchoulis des beaux usages. Ah! pauvre femme qui se croit grandiose parce qu'elle a eu une fois dans sa vie le courage de rompre une liaison, qui était, je le vois maintenant moins une passion sincère qu'une affaire d'habitude, — comme sa loge à l'Opéra, le soir, ou son bain parfumé, le matin! — Non, l'abandon d'Hélène n'est pas de l'héroïsme; — ce n'est pas la foi dans la parole jurée qui l'a empêchée de venir quand j'étais en danger de mort. C'est l'orgueil, c'est un misérable esprit de vengeance et de rancune qui l'ont retenue. — Le véritable héroïsme de l'amour, il est chez Marianne, — chez cette fille vulgaire, — au patois grossier, aux mains rouges, — et au dévouement de chien.

— Écoute, reprit son ami, Marianne t'aime, c'est vrai. Pendant que tu étais en danger, elle a été admirable de soins et de dévouement pour toi, admirable dans sa résignation à supporter le rôle cruel que lui faisait jouer ton délire ; mais tu es injuste envers Hélène. C'est une brave et noble créature, qui t'a donné pendant deux années des preuves de l'amour le plus complet. Elle s'est faite l'esclave de tous tes caprices; elle a supporté tous tes dédains avec une patience angélique, et, si tu peux aujourd'hui t'accuser d'insensibilité, ne t'en prends qu'à toi-même. Si elle n'a plus de cœur, c'est que tu le lui as brisé jadis par toutes tes duretés; toute ton amertume n'est que du dépit de voir qu'Hélène t'a oublié. Eh bien ! si cela est, elle a bien fait ; oui, elle a bien fait de tenir sa parole, car, si elle était revenue, vous auriez sans doute renoué ensemble, et, une fois l'égoïsme de ton amour-propre satisfait, tu l'aurais encore délaissée pour retourner aux misérables créatures que tu lui donnais pour rivales. Des créatures stupides que nous corrompons et qui nous corrompent, que nous abrutissons et qui nous abrutissent, qui n'ont rien là-dessous, ajouta l'étudiant en se frappant la poitrine, et quelquefois même rien dessus, et à qui nous donnons cependant le meilleur de notre cœur et le plus beau temps de notre jeunesse.

— A quel propos ce sermon? dit Édouard. Toi qui prêches, il me semble que jusqu'ici tes amours ne sont pas très-aristocratiques, et je ne sache pas qu'on trouve beaucoup de duchesses sur tes listes.

— Moi, reprit l'étudiant, c'est différent, j'ai pris dans le tas ce que j'ai trouvé ; mais toi qui avais une maîtresse élégante, spirituelle, dévouée, pour qui l'as-tu quittée ? Pour des drôlesses !...

— Elles m'ont aimé.

— Oui, Clara, par exemple, était folle de toi parce que tu portais des gilets rouges avec des boutons grands comme des assiettes. — Madeleine t'a adoré huit jours, parce que tu t'étais fait mettre à la porte d'un bal public en dansant avec elle, et que cela flattait son amour-propre. Et Clorinde était fière de t'appartenir parce que ton biceps herculéen amenait 350 à l'échelle du dynamomètre. Car voilà quelles sont nos Elvires à nous autres Don Juans des écoles !

— Et Marianne, pourquoi m'a-t-elle aimé celle-là? demanda Édouard.

— C'est bien simple à deviner, — dit l'étudiant. Elle était très-malheureuse dans cette maison—où tu l'as connue; — tout le monde la brutalisait,— on ne lui parlait pour ainsi dire qu'avec des coups, — personne ne l'avait jamais remarquée;—tu as été le premier qui l'ait traitée avec douceur ; — c'est toi qui lui as fait le premier compliment qu'elle ait jamais entendu ; — tu avais des mains blanches, une cravate bien mise : — il n'en fallait pas davantage pour qu'elle te distinguât parmi tous ceux qui l'entouraient. — Tu ne t'es pas contenté de cela, — tu t'es fait donner un coup de bouteille pour ses beaux yeux; cette fille avait un cœur, — elle s'en est servie, — et t'a aimé. — En te soignant elle a appris ton amour pour une autre, et elle t'a adoré, — cela est très-simple et très-naturel; — et comme c'est la première fois que son cœur voit le feu, — peut-être qu'en sortant d'ici elle va se jeter dans la rivière ; — et si elle n'y va pas, comme je lui en donnerai certainement le conseil, — un jour ce seront peut-être les autres qui s'y jetteront à cause d'elle.

— Comment ? fit Édouard étonné.

— Dame ! — c'est tout simple, reprit son ami, — que veux-tu que Marianne devienne en sortant d'ici ? — Son horoscope est facile à faire : — malgré ses mains rouges et son patois grossier, sous ces apparences vulgaires, — c'est une vraie femme, dont les juvéniles beautés sont mûres à point pour la moisson du désir ; — penses-tu que ce diamant brut ne rencontrera pas son lapidaire ? — Mets-lui seulement cinquante francs de fanfreluches sur le corps, — lave-lui pendant trois mois les mains dans de l'essence de paresse, — et elle mettra le feu aux quatre coins du quartier. — Si elle le voulait, — moi, je me chargerais bien de la pavoiser et de la mettre à la voile ; — et si elle s'en va d'ici, — je ne la laisserai certainement pas partir sans lui dire tout ce que je pense à son égard.

— Mais elle ne s'en ira pas, dit Édouard : — après tout ce qu'elle a fait pour moi, il y aurait de ma part —plus que de l'ingratitude — à ne pas songer à lui être utile.

— Très-joli ! — Allons donc, pas d'hypocrisie, — fit l'étudiant, — qui se mit à rire ; — tu veux te faire payer les intérêts de ton coup de bouteille, — tu vas en faire ta maîtresse.

— Eh ! pourquoi non, — répliqua Édouard, — puisqu'elle m'aime ? — Tu en ferais bien la tienne.

— Moi, fit l'étudiant, — je suis sûr que j'aimerais Marianne.

— Et moi, fit Édouard, — pourquoi ne l'aimerais-je pas ?

— Parce que tu en aimes une autre, — qui ne t'aime plus : — c'est toujours comme ça !

— Eh bien, répondit Édouard, — si cela est vrai, — Marianne — me guérira peut-être d'Hélène : — c'est une expérience que je veux faire.

— Et si elle ne réussit pas ? — dit l'ami.

— Eh bien, après tout, — que veux-tu que j'y fasse ? — moi ou un autre !

— C'est vrai, répliqua l'étudiant. — Pauvre Marianne, — pourquoi — sommes-nous allés à la *Bonne Cave* ?

Ce fut sur ces dernières paroles que je rentrai dans la chambre, reprit Mariette. La conversation que je venais d'entendre avait jeté le trouble dans mes idées. Je ne savais pas quel parti j'allais prendre.

Grâce aux dernières paroles d'Édouard, j'étais rassurée sur un point : je savais qu'il ne songeait pas à me renvoyer, et que je pourrais rester auprès de lui. Oui; mais à quel titre? Chose étrange! après tout ce que j'avais fait déjà, j'en étais encore à chercher des scrupules; et cependant, pourquoi étais-je venue chez Édouard? Pourquoi y étais-je restée, même en sachant qu'il aimait une autre femme? Et, plus tard, pourquoi lui avais-je caché la visite de celle-ci? N'avait-ce pas été dans l'intention de faire supposer à Édouard qu'il était oublié par celle qu'il aimait, et de l'amener à l'oublier lui-même? N'était-ce point pour prendre sa place que j'avais éloigné la maîtresse d'Édouard par un mensonge? Et maintenant que ma ruse avait réussi, qu'avais-je à hésiter? Cette hésitation était une dernière révolte des instincts honnêtes qui existaient encore en moi : elle fut de courte durée. Je ne vis qu'une chose, c'est que je resterais près d'Édouard, que je pourrais l'aimer, le lui dire, qu'un jour peut-être il m'aimerait lui-même, et j'attendis qu'il s'expliquât. Cette explication eut lieu le soir même, et Édouard la provoqua avec une délicatesse qui me le rendit plus cher. Il feignit toute sorte de réserves pour m'annoncer quelles étaient ses intentions, et me traita comme si je n'eusse pas été une pauvre petite paysanne. Nous passâmes la soirée ensemble à faire des projets pour l'avenir.

Quand il fut un peu tard, comme il n'avait plus besoin d'être veillé, je le quittai pour me retirer dans une chambre voisine en dehors de son logement.

Au bout de huit jours, il était en état de sortir. Nous prîmes une voiture, et nous fîmes ensemble la première promenade de convalescence. Édouard, qui recevait de sa famille une assez forte pension mensuelle, avait dépensé beaucoup d'argent pour me faire habiller, car il avait désiré que je fusse très-bien mise. J'aurais voulu que ma toilette fût plus simple, car je me trouvais tout embarrassée dans ces beaux atours; mais il me répondit que rien n'était trop beau pour moi. Quand je quittai pour la première fois ma robe d'indienne faite à la mode de mon village et mon petit bonnet de campagne, je me pris à pleurer amèrement. Les pauvres vêtements que je venais de dépouiller, c'étaient ceux sous lesquels j'avais vécu honnête et chaste; ce bonnet que j'allais remplacer par un chapeau élégant, c'était ma mère qui l'avait fait jadis de ses mains; et je pensai que si elle vivait encore et qu'elle me rencontrât ainsi parée, elle ne me reconnaîtrait pas, ou ne voudrait point me reconnaître. Ma pauvre mère! elle est morte à temps, m'é-

7.

criai-je ; et, à travers les larmes qui coulaient de mes yeux, il me sembla que je voyais la place de Cèzy, où les bonnes femmes qui filaient sur le seuil de leur porte me regardaient passer en souriant, et se disaient entre elles : Quelle brave fille que cette Marianne ! depuis que sa mère est défunte, c'est elle qui fait marcher la maison de son père, et tout va au doigt et à l'œil. — Je revoyais aussi la petite église où nous avons fait ensemble notre première communion, vous savez, monsieur Claude. Ah ! tenez, dans ce moment-là, j'ai eu une bonne idée : je voulais retourner à Cèzy. Malgré tout et n'importe comment, j'aurais quitté Édouard, je lui aurais tout confessé, et, en apprenant que son ancienne maîtresse était revenue à lui, il m'aurait bien laissée partir. Mon plan était fait. En arrivant au pays, j'aurais été tout droit trouver votre oncle, l'abbé Bertolin, qui est si bon. Je lui aurais raconté fidèlement mon histoire, et comme jusque-là j'étais restée honnête et que je n'avais pas à rougir de mon amour, votre oncle m'aurait crue ; il aurait eu pitié de moi et m'eût reconduite à mon père, et celui-ci m'aurait pardonné en me voyant ramenée dans sa maison par M. le curé, qui est pour lui comme la main de Dieu. Tous les méchants bruits que mon cousin aurait pu faire répandre sur mon compte eussent été démentis, et j'aurais pu reprendre, au milieu de gens qui m'eussent aimée et respectée, ma vie modeste et tranquille, pour la mener jusqu'où Dieu aurait voulu et par le chemin qu'il aurait tracé. Tel était le projet que je formais confusément, lorsqu'on vint m'apporter ma toilette neuve pour l'essayer : quelque chose me disait que ces beaux habits seraient cause de ma perdition, et que je serais vouée à la honte et aux malheurs éternels dès que je les aurais mis seulement un instant. Cette pensée salutaire, que le ciel m'envoyait à la veille de ma perte et qui devait être la dernière sans doute, j'allais la suivre sur-le-champ ; mais, au moment même où je remettais mon ancienne robe du village, Édouard entra dans ma chambre pour voir si j'étais habillée. Hélas ! toutes mes bonnes pensées s'envolèrent en le voyant.

— Dépêche-toi, me dit-il, la voiture attend; fais-toi bien belle.

Je n'étais plus la même déjà ; les beaux habits qui m'avaient tant effrayée un instant auparavant m'attiraient à eux par mille séductions irrésistibles. L'instinct de coquetterie s'éveillait en moi brusquemen et tout d'un coup. Je mis à ma toilette un soin minutieux. J'entendais dans la chambre voisine Édouard qui s'impatientait de ma lenteur ; cette impatience me charmait, et j'allais encore plus doucement. Je faisais jouer avec une joie d'enfant les plis de ma robe de soie à reflets changeants. Chaque nouvel objet de toilette qui complétait ma métamorphose me jetait dans le ravissement. Quand j'eus terminé et que j'allai me regarder dans le miroir, la glace me renvoya un madrigal qui me fit rougir de satisfaction. J'étais bien belle, et depuis que j'étais au monde, c'était la première fois que j'avais conscience de ma beauté. Édouard resta un moment tout étourdi de ma transformation. J'étais méconnaissable en effet.

— Allons, partons, me dit-il après m'avoir embrassée.

Je n'avais plus que mes gants à mettre. En voyant la difficulté que j'éprouvais à les faire glisser sur mes mains, Édouard ne put s'empêcher de faire la moue, et, comme un gant se déchira dans un effort que je fis, il laissa échapper un geste d'impatience.

— Descendons, me dit-il, nous en prendrons d'autres en chemin.

En effet, il fit arrêter la voiture devant un magasin.

— Reste, me dit-il en me prenant des mains le gant déchiré ; je vais en choisir une autre paire avec une pointure au dessus de celle-ci.

Cette puérile préoccupation chez Édouard me fit de la peine, mais j'en eus bientôt l'explication en regardant mes mains rouges et grossières. Édouard me rapporta d'autres gants, qu'il m'aida à mettre lui-même.

— Et maintenant, me dit-il lorsque je fus gantée, vous avez tout à fait l'air d'une dame. — Mes pauvres mains, pensai-je avec tristesse, il faut que l'on vous cache comme si vous aviez fait une mauvaise action, parce que vous portez les marques du travail!

Pendant la route, Édouard fut charmant avec moi, et sa gaieté m'avait presque gagnée; mais, en arrivant à l'endroit où nous devions descendre, un petit incident vint me rappeler à des pensées qui m'attristaient, et jeta un peu de froideur dans cette première partie de plaisir que nous faisions ensemble. Comme nous traversions un village célèbre par ses champs de roses, une jeune fille s'avança vers moi pour m'offrir un bouquet. Elle était vêtue à peu près comme je l'étais moi-même le matin. En la regardant, j'avais les yeux en larmes, et je ne pus les retenir lorsque je vis la jeune fille rejoindre sa famille groupée sur le seuil de la maison. Édouard devina sans doute quelle était ma pensée, et voulut essayer de me distraire.

— Avez-vous remarqué, me dit-il, le coup d'œil envieux que cette petite paysanne a jeté sur vous? — Non, je n'y ai point pris garde, lui répondis-je. — Je l'ai bien vu, moi, dit Édouard, et je réponds bien que la petite n'est pas loin de songer à faire comme sa sœur. Et là-dessus il me raconta que la sœur de la petite paysanne qui m'avait offert des roses s'était laissé séduire par des jeunes gens qui venaient autrefois dans ce village le dimanche, et qu'elle était devenue en peu de temps, grâce à sa beauté, une des femmes les plus courues de Paris. Le ton léger avec lequel Édouard m'avait raconté cette aventure augmenta encore ma tristesse, et, voyant que je ne répondais pas à ses paroles, il devint à son tour rêveur et préoccupé. Comme nous marchions depuis quelque temps dans les bois et qu'il faisait une chaleur accablante, ayant aperçu à peu de distance une espèce de pavillon où plusieurs personnes semblaient se rafraîchir, je priai Édouard de m'y conduire. A mon grand étonnement, il ne se rendit pas tout de suite à ma demande et en parut même contrarié; mais, comme j'insistais, il se décida à me conduire à cette petite buvette en plein air. En nous voyant arriver, la vieille femme qui était assise sous une tonnelle salua Édouard comme si elle le connaissait, et parut me regarder curieusement. Presque en même temps un petit garçon vint se jeter dans les jambes d'Édouard et ne voulut pas le quitter qu'il ne l'eût embrassé ; puis il accourut vers moi. Comme je l'avais pris dans mes bras pour l'embrasser aussi, il me regarda avec de grands yeux, et dit à sa mère : — Tiens, ce n'est plus *la madame* des autres fois ! — Édouard fit un geste de dépit et baissa les yeux quand je le regardai. — Achetez donc un gâteau à cet enfant, lui dis-je ; et j'ajoutai tout bas, en essayant de rire : Il m'embrassera peut-être comme la dame des autres fois. J'avais le cœur bien gros, car ces petits incidents m'avaient révélé quel était le motif de la préoccupation d'Édouard depuis que nous étions dans cette campagne, toute pleine pour lui de souvenirs qui lui rappelaient celle avec qui il y venait sans doute jadis. Ainsi, il m'avait menti le matin quand il m'avait dit qu'il m'aimait et qu'il ne pensait plus à l'autre ; ainsi, cette promenade pour laquelle il avait choisi un lieu familier à son amour passé, c'était le commencement de l'expérience dont il avait parlé à son ami. Dès le premier jour qu'il sortait avec moi, il avait voulu voir si l'amour naissant pourrait triompher de l'ancien amour, et j'assistais à cette lutte qui agitait son âme, et j'étais pour ainsi dire le témoin de ma défaite, car ma jalousie me disait que, dans ce moment même, ce n'était point moi qui étais au bras d'Édouard, mais bien l'autre.

Quand nous eûmes rejoint, sans avoir échangé une seule parole, notre voiture que nous avions laissée à la porte du bois, Édouard me demanda si je voulais dîner à Paris ou rester à la campagne.

— Comme il vous plaira, et où il vous plaira, lui répondis-je. Et j'ajoutai, en feignant de rire : Pourvu que ce soit dans un endroit où nous soyons seuls.

— Que voulez-vous dire? fit Édouard en balbutiant.

— Je veux dire, lui répondis-je très-doucement, que nous étions partis deux de Paris et que nous sommes arrivés trois dans ce pays.

— Mais qui vous a dit ?... fit Édouard, sans nier, après un moment de silence pendant lequel il m'avait examinée avec un redoublement de surprise.

— Personne n'a pu me le dire, et vous le savez bien, lui répondis-je. Je l'ai senti là, ajoutai-je en lui montrant mon cœur, et, pendant que vous ne me parliez pas, je vous entendais causer avec...

— Marianne, me dit Édouard sans me laisser achever et en me prenant la main, Marianne, je vous assure que je vous aimerai.

— J'ai bien de l'avance sur vous ; pourrez-vous me

rattraper ? lui répliquai-je en riant. Tenez, mon ami, votre amour pour moi, j'en ai peur, ressemblera longtemps à la maison de mon parrain, qui est le sabotier de chez nous.

— Qu'est-ce que la maison de votre parrain ? me demanda Édouard.

— La maison de mon parrain, lui répondis-je, c'est une maison qui est encore à bâtir. Excusez-moi si j'exprime mal ce que je veux dire ; mais je me comprends très-bien.

Le dîner fut plus gai que n'avait été la promenade. Édouard me fit remarquer avec raison que, s'il était tombé dans une rêverie qui m'avait éloignée de sa pensée, c'était un peu ma faute à moi, qui, par mon silence et ma tristesse, avais permis aux souvenirs qu'Édouard voulait éviter de venir se glisser dans notre tête-à-tête. Après le dîner, nous retournâmes à Paris. Comme il était encore de très-bonne heure, Édouard me proposa de me conduire dans un bal fréquenté par ses compagnons d'études et de plaisirs. J'entrai dans ce lieu sans savoir où j'allais et sans me faire aucune idée de ce que j'allais voir. Je n'y fus pas plutôt que j'aurais voulu en être dehors. L'éclat des lumières me blessait les yeux, le bruit m'étourdissait. Édouard fut bientôt entouré par plusieurs de ses amis, qui, ne l'ayant pas vu depuis son accident, vinrent le féliciter sur son rétablissement. Il me présenta à eux, et reçut de nouveaux compliments à cause de moi. J'étais la plus belle de toutes les femmes qui fussent dans ce bal. Édouard le savait ; mais sa vanité, qui venait de s'éveiller, semblait prendre plaisir à se le faire dire dans les regards pleins de convoitise que m'adressaient les hommes et jusque dans les jalouses railleries de leurs compagnes. Je n'étais au bras d'Édouard que le drapeau vivant de son amour-propre.

Quand nous rentrâmes à la maison le soir, j'étais très-fatiguée, j'avais besoin de repos. Je priai Édouard de me laisser seule. Il parut touché de mon chagrin, et pendant une heure, me parla avec une tendresse et un respect infinis. Il sut trouver les mots qui savent convaincre l'âme qui ne demande pas mieux que d'être convaincue, et, pauvre ignorante que j'étais alors, je pris pour le langage de l'amour ce qui n'était que l'éloquence du désir.

Au milieu de la nuit Édouard était encore chez moi!

— Il faut partir, lui dis-je en déroulant mes cheveux pour les mettre en papillotes, — ce qui était ma seule habitude de coquetterie.

— Comme tes cheveux sont beaux ! me dit Édouard

en en prenant une boucle qu'il porta à ses lèvres.

— Moins beaux que ceux d'une autre personne, murmurai-je machinalement.

— Plus beaux et plus fins, reprit Édouard; vois plutôt. — Et, tirant de sa poche son portefeuille, — il en sortit un petit médaillon qui renfermait des cheveux de femme et me le donna à regarder. — Je lui rendis le médaillon sans rien dire; mais il sentit ma main trembler en lui remettant cet objet. — Tout à coup un parfum subtil et qui m'était inconnu se répandit dans l'air, et comme je levais les yeux, cherchant avec surprise d'où pouvait venir cette odeur pénétrante, j'aperçus Édouard qui tenait à la main la boucle de cheveux qu'il venait de me montrer enfermée dans le médaillon-cassolette. — Édouard alla ouvrir une fenêtre qui donnait sur la rue, et jeta au vent le souvenir dont la vue m'avait fait tressaillir malgré moi.

— Es-tu contente? me dit-il. — Je lui répondis en lui tendant la main ; et comme une heure avancée sonnait à une horloge voisine, je lui renouvelai la prière que je lui avais déjà faite de se retirer.

— Oui, me répondit-il, — encore un moment : — quand tu auras achevé de mettre tes papillotes.

— Mais, lui répondis-je, — je n'en mettrai pas ce soir, — j'ai oublié de faire prendre du papier.

—En voici,—dit Édouard.—Et, ouvrant son portefeuille qui était resté sur la table,—il me tendit un petit paquet contenant trois ou quatre lettres écrites sur papier très-fin. —Je regardai l'une de ces lettres, et je reconnus que c'étaient les mêmes que j'avais trouvées dans le portefeuille que le pharmacien de la Râpée m'avait chargé de remettre à Édouard.

—Eh bien, me dit-il—en voyant que je restais immobile les lettres à la main — et hésitant à m'en servir,—vous n'achevez pas de vous coiffer?

— C'est bien cela que vous avez voulu me donner? — lui demandai-je en lui mettant les lettres sous les yeux.

— Sans doute, — me répondit-il. — Je veux vous prouver, Marianne, que je ne tiens plus à rien de ce qui pourrait me rappeler ce que vous voulez que j'oublie.

—Je vous remercie de ce que vous venez de faire, Edouard, lui répondis-je;—j'ignore si l'abandon que vous me faites des choses qui vous rappellent une personne chérie est un sacrifice ;—mais cet abandon me prouve au moins que vous désirez me convaincre et apaiser les susceptibilités d'un sentiment de jalousie que vous devez comprendre.—Je me contenterai de cet abandon ; car bien que je ne sois qu'une pauvre ignorante de tout ce qui n'est pas mon amour pour vous, — il existe cependant certaines délicatesses que je comprends instinctivement, — et dans ce moment où je vous aime, et où vous dites que vous m'aimez, — je n'offenserai point notre amour présent en faisant de ces lettres un usage qui offenserait votre amour passé. — Et après avoir approché les lettres de la flamme d'une bougie, — je les rejetai dans le fond de la cheminée, où elles ne tardèrent pas à être entièrement consumées.

— Et maintenant, lui dis-je en entendant sonner trois heures du matin, — ce n'est plus moi qui vous dis de vous en aller, c'est l'horloge.

— Non, reprit Édouard.—J'avais promis de sortir quand vous auriez mis vos papillotes ; — vous n'avez pas voulu en mettre, — ce n'est point ma faute.

Et il s'empara de mes mains, qu'il couvrit de baisers comme un fou.

— Attendez — un peu,— lui dis-je en riant,— je vais mettre mes gants, — vous n'aimez pas à voir des mains rouges.

— Méchante! — reprit Édouard, — rien ne vous échappe donc?

—Ah! lui dis-je, vous m'avez déjà fait bien souffrir!

— Je le sais, — me répondit-il. — Eh bien, alors, — que ce soit aujourd'hui la fin de tes souffrances — et le commencement de ton bonheur ! Et retirant de son doigt cette bague qui avait jadis appartenu à sa maîtresse, il la glissa dans le mien en me disant :

— Cette fois, Marianne, c'est bien à toi que je la donne !

Pendant trois mois, Édouard parut être tout à moi, comme j'étais de mon côté toute à lui, mettant toutes mes pensées à prévenir ses désirs et tous mes efforts à deviner ce qu'il désirait que je fisse. Édouard avait changé mon nom de Marianne contre celui de Mariette, qu'il trouvait plus distingué, et j'avais compris, par ce seul fait, combien il était impatient de voir la métamorphose de la personne compléter celle commencée par le nom. En toutes choses, dans mes habitudes comme dans mon langage, je m'appliquai donc a faire disparaître tout ce qui pouvait indiquer la vulgarité de mon origine ; j'avais remarqué souvent un embarras qu'Édouard dissimulait mal lorsque je me trouvais au milieu de ses amis, et j'avais deviné que cette inquiétude était causée par certaines tournures rustiques qui m'échappaient dans la conversation, et qui parfois faisaient sourire ceux qui m'écoutaient. Je connaissais déjà assez Édouard pour savoir qu'une grande partie de l'amour qu'il disait avoir pour moi n'était que de l'amour-propre, et je voulus éviter au sien jusqu'aux plus puérils motifs qui auraient été de nature à le blesser. A beaucoup d'esprit naturel je joignais beaucoup d'intelligence, une volonté opiniâtre, et cette patience obstinée qui arrive à de si grands résultats chez une femme, quand elle a l'amour pour mobile. J'entrepris donc d'apprendre à parler et à écrire avec correction. J'achetai une grammaire et je l'étudiai pendant les heures de la journée où Édouard me laissait seule pour aller à ses études, car je l'avais décidé à se remettre à ses travaux, qu'il avait si longtemps négligés. Quelquefois, la nuit, pendant qu'il dormait, je copiais des chapitres entiers dans les livres que renfermait sa bibliothèque : mes progrès devinrent très-rapides, et je pus m'en convaincre moi-même, lorsque je comparais au livre où je les empruntais des passages écrits de mémoire, et dans lesquels je remarquais que les fautes devenaient de jour en jour plus rares. Tout le temps que j'avais de libre, je l'employais ainsi à faire ce que j'appelais *mes classes*, et jamais pensionnaire qui voit approcher le jour des prix ne ressentit plus de joie que je n'en éprouvai quand je fus en état de réaliser un grand projet que je m'étais mis dans l'idée et qui devait être la récompense de toutes les peines que j'avais eues dans mes études. J'avais choisi le jour de la fête d'Édouard pour réaliser ce beau projet : c'était un compliment écrit de ma plus belle main, et dans lequel je voulais lui dire tout l'amour que j'avais pour lui, — sans faire une seule faute d'orthographe. — Je mis bien huit jours à composer mon petit discours, et cependant on ne s'en serait pas douté, car ce n'était pas bien long, et c'était bien simple.

« Mon cher ami bien-aimé,

» C'est aujourd'hui le jour de ta fête, — et depuis que
» je te connais c'est tous les jours la mienne. — Ce que
» je te dis là, c'est bien la vérité, car il me semble
» maintenant que je n'ai pas d'autre raison d'exister
» que pour t'aimer, et te le prouver de toutes les fa-
» çons que je pourrai. C'est pour cela que j'ai guetté

8

« dans l'almanach le jour qui portait le nom de ton
» saint, pour avoir l'occasion de t'offrir mon bouquet,
» qui ne me coûte pas cher, puisque c'est avec ton
» argent que je l'ai acheté.—A ce bouquet, j'ai voulu
» joindre un petit talent qui m'a donné bien du mal
» à acquérir;—mais j'aurais voulu en avoir encore da-
» vantage, afin de donner plus de prix à une chose
» qui pouvait te faire plaisir. Grâce au petit talent
» dont je te parle, quand tu iras passer les vacances
» dans ta famille, je pourrai encore causer avec toi
» par le moyen des lettres ; — et, comme tu peux déjà
» t'en apercevoir par celle-ci, en lisant les miennes,
» tu n'auras pas à craindre d'y trouver de certaines
» choses que les femmes les plus ignorantes disent si
» bien, —et qu'elles écrivent quelquefois si mal ; —
» ce qui fait rire les hommes, car ils ont l'habitude de
» en pas faire plus d'attention à une jolie pensée
» quand elle est mal exprimée, qu'à une jolie femme
» quand elle n'est pas bien mise.—Pour commencer,
» je n'ai mis dans ma lettre que des mots simples,—
» parce que j'aurais eu peur de me tromper, n'étant
» pas encore très-savante. J'ai évité les temps diffi-
» ciles des verbes avec autant de soin que le verre de
» mon parrain qui est sabotier chez nous évite les ca-
» rafes. Et cependant, s'il m'était échappé des fautes,

» par chacune que tu trouveras, tu me condamneras à
» copier le verbe *je t'aime de tout mon cœur*, — et je
» ne trouverai jamais ma punition assez longue. —
» Mon cher ami bien-aimé, — je te souhaite une bonne
» fête, et beaucoup d'autres par la suite. — Si j'ai fait
» une faute en me donnant à toi, — le bon Dieu ne
» m'en a pas gardé rancune, il faut bien croire, puis-
» qu'il me rend si heureuse que je ne pense pas qu'il y
» ait sur la terre une femme qui le soit plus que moi.

» Ta petite Sévigné,

» MARIETTE. »

Le jour anniversaire de la fête d'Édouard, j'allai choisir un joli bouquet au Marché aux Fleurs, près duquel nous demeurions. Quand je rentrai à notre hôtel garni, Édouard était sorti pour aller au cours : cette absence arrivait à propos pour me servir dans une petite ruse que je méditais. Afin de mieux jouir de la surprise que ma lettre devait causer à Édouard, j'appelai le garçon de l'hôtel, et je lui fis sa leçon.

— François, lui dis-je en lui montrant le bouquet que j'avais déposé sur une table, voici des fleurs et une lettre pour M. Édouard. Il ne va pas tarder à rentrer, sans doute, car c'est son heure. Quand il reviendra, vous lui direz qu'une dame, que vous ne connaissez pas, vous a remis pour lui ce bouquet et cette lettre. Et s'il me demandait, vous lui répondrez que je suis sortie.

— Oui, mademoiselle, me répondit François, j'ai bien compris ; mais, tenez, je crois que voilà précisément M. Édouard qui monte l'escalier.

— Vous avez raison, dis-je, c'est son pas, — et je passai précipitamment dans une autre chambre, contiguë à celle d'Édouard et occupée par son ami, que je savais ne pas devoir rentrer en ce moment. Dans la mince cloison mitoyenne à ces deux logements, séparés seulement par une porte condamnée, il existait des lézardes à travers lesquelles on pouvait voir assez facilement ce qui se passait d'une chambre dans l'autre. A ces observatoires, qu'on eût dits préparés à point pour l'inquisition du regard, se joignait une acoustique si favorable à l'indiscrétion de l'oreille, que les locataires co-mitoyens pouvaient presque s'entendre penser. J'étais donc sûre de ne pas perdre une seule nuance de la surprise que ma lettre causerait à Édouard, qui, se croyant seul, s'abandonnerait plus librement à son impression. Ah! j'ignorais alors la fable antique de Psyché.

Lorsque Édouard rentra, il n'était pas seul; l'étudiant dans la chambre duquel j'étais cachée alors l'accompagnait. Le garçon de l'hôtel fit ma commission comme je le lui avais recommandé.

— Une femme! dit Édouard avec surprise. Vous dites que c'est une femme qui a apporté ce bouquet et cette lettre? Cette personne est-elle déjà venue me demander?

— Je ne la connais pas, répondit le domestique.

— Mais à quel propos ces fleurs? Qu'est-ce que cela signifie? fit Édouard en prenant la lettre.

— Parbleu! s'écria son ami, c'est aujourd'hui ta fête. Je me rappelle que les autres années, dans ce temps-ci... Hélène!

— Ah! mon Dieu! fit Édouard avec un cri qui m'entra dans le cœur, serait-ce elle?

Et je le vis décacheter ma lettre; mais aux premiers mots qu'il lut le désappointement se peignit sur son visage : je ne crois pas qu'il la lut même tout entière; il la jeta du reste sur la table, auprès du bouquet, et dit à son ami : — Cette lettre m'a donné un coup!

— Eh bien, demanda l'étudiant, ce n'est donc pas?...

— Mais non, interrompit brusquement Édouard, ce n'est pas celle que tu croyais; tiens, lis. — Et il tendit le papier à son ami, qui se mit à lire mon compliment tout haut.

— Quelle adorable créature que cette Marianne!

8.

dit-il à Édouard; quand je la regarde quelquefois, il me semble que j'ai devant les yeux la résurrection de cette naïve fillette que Greuze fait pleurer sur une cruche cassée; — et avec cela spirituelle, vive et gaie comme l'ivresse des vins de son pays! Tiens, tu n'es pas digne d'avoir une aussi charmante maîtresse. Pauvre fille! elle ne sait qu'imaginer pour te faire plaisir. Dire qu'elle a appris la grammaire!...

— Elle a espéré que je lui achèterais un châle, répondit Édouard froidement.

— Ah! c'est trop fort,—s'écria son ami. Comment, Dieu fait exprès pour toi le miracle de créer une Ève qui n'aime pas les pommes, et tu accueilles aussi tranquillement ce cadeau! C'est décourageant pour la Providence. Je donnerais mon diplôme pour qu'on t'enlevât Mariette.

— Qu'on s'en avise! répondit Édouard avec vivacité.

— Eh bien! tu l'aimes donc?

— Elle m'est nécessaire.

— Ah! si j'avais su, dit l'étudiant, si j'avais su qu'un méchant coup de bouteille pût me procurer mes entrées dans le cœur de cette fille, je l'aurais bien reçu à ta place.

— Est-ce que tu serais amoureux de Marianne, par hasard? demanda Édouard.

— Ma foi! répondit l'autre en riant,—si tu voulais me céder ta contre-marque ?

Il fallut toute la force de ma volonté pour que je n'éclatasse point en sanglots; mais on aurait pu m'entendre, et je ne voulais point qu'Édouard se doutât que j'avais assisté à une scène où il avait donné un si cruel démenti aux chères espérances que je caressais avec tant de sécurité, et détruit, dans une seule minute, mon bonheur de trois mois. Cette obéissance quasi-magnétique qui me faisait accomplir ses moindres désirs avant même qu'il les eût exprimés; cet amour que j'avais pour lui, qui se trahissait dans les plus petites choses, qui se révélait dans tous les moindres détails de la vie intime, qui l'enveloppait, pour ainsi dire, d'un réseau de tendresse, rien ne le touchait. En voyant mon bouquet, il s'était demandé qui pouvait lui souhaiter sa fête : il n'avait pas pensé à moi. En ouvrant ma lettre, il avait songé à l'*autre*. Mais alors que faisais-je près de lui, et pour lui qu'étais-je? Quel étrange sentiment me faisait persister à garder près de lui une malheureuse jeune fille dont la présence devait lui être un supplice, puisqu'elle l'obligeait à jouer perpétuellement avec elle la comédie d'un amour qui était à une autre? Tout à coup je me rappelai, au milieu de toutes ces réflexions, qu'un éclair jaloux avait paru dans les yeux d'Édouard, quand son ami l'étudiant lui avait dit qu'il n'était point digne de m'avoir, et qu'il souhaitait qu'on m'enlevât à lui. Il ne m'aimait pas, et il était jaloux de moi, et il tremblait à la seule idée de me perdre! Je lui étais nécessaire, avait-il dit. Nécessaire à quoi, mon Dieu? me demandai-je l'esprit perdu devant cette énigme, qui me fut cruellement expliquée plus tard.

En sortant de la chambre où je m'étais cachée pour entendre cet entretien, qui ne me laissait pas même la consolation d'un doute, je ne voulus point me trouver sur-le-champ en face d'Édouard : pour me remettre un peu de mon agitation et réfléchir à la conduite que j'allais tenir avec lui, je sortis et je marchai dans la rue au hasard. Au bout d'une heure, je revins à la maison, Édouard m'accueillit avec des démonstrations de tendresse insensées. Toutes ces caresses de langage, tout cet amour du bou, des lèvres souleva en moi un levain de mépris naissant, que j'eus le courage de dissimuler. Un fiel navrant déposait sa vase au fond de mon cœur, et s'y mêlait aux larmes que je m'efforçais d'y retenir. Et cependant cette parodie de l'amour était si bien jouée, le mensonge avait tellement le visage de la vérité, tous ces élans, toutes ces caresses, toutes ces paroles avaient une telle apparence de spontanéité, qu'il y avait des instants où je doutais de moi-même, de ce que j'avais vu et entendu le matin, et que je me demandais si je n'avais pas été le jouet d'un mauvais rêve! Quelques amis étant venus voir Édouard, il les retint à dîner pour arroser le bouquet de sa fête. J'avais besoin de m'étourdir; je bus de tous les vins, et, durant tout le dîner, je fus d'un entrain qui jeta dans une grande surprise les amis d'Édouard, qui se trouvaient pour la première fois avec moi dans une occasion de familiarité et d'intimité. On m'accabla d'éloges. J'avais la chanson aux lèvres et le sourire à la bouche; mais, comme dans cette sérénade de *Don Juan*, où le chant gémit comme une plainte et dont l'accompagnement est si vif et si joyeux, à la bruyante fanfare de ma gaieté apparente, qui redoublait celle des convives, se mêlait, en sourdine, le gémissement de ma douleur cachée.

On parla, après le dîner, d'aller achever la soirée au bal, et, à la grande surprise d'Édouard, qui savait combien j'aimais peu ces lieux de tumulte, j'acceptai avec empressement cette proposition. Pendant toute la soirée, je ne manquai pas un seul quadrille unne seule valse. J'étais possédée par un étrange esprit d'agitation : il me semblait que je vivais dans un tourbillon ; je répondais à tout et à tous. Édouard était stupéfait. — Je ne te reconnais plus, me dit-il avec une certaine inquiétude ; tu n'es plus Marianne.

— Marianne ? lui répondis-je : je suis Mariette ! Et comme il cherchait à me retenir, je lui échappai pour retourner prendre ma place dans un quadrille. On ne parlait plus que de moi parmi les danseurs, et à chaque pas que faisait Édouard, qui me suivait des yeux, il se heurtait à une admiration nouvelle dont j'étais l'objet. — Quelle charmante fille ! Mais regardez-la donc danser : ne dirait-on pas d'un oiseau ?

— Oui, répondait Édouard, elle essaye ses ailes.

Le surlendemain était un jeudi, jour de bal. Après le dîner, j'allai me mettre à ma toilette. Édouard en parut surpris. — Tu sors donc ? me demanda-t-il.

— Mais, lui répondis-je d'un ton très-naturel, tu as donc oublié que c'est aujourd'hui jeudi ?

— Eh bien ? dit Édouard.

— Eh bien, répliquai-je sur le même ton, est-ce que nous n'allons pas au bal ?

— C'est toi, Mariette, qui me demandes à aller au bal ? reprit-il en me regardant d'un air singulier.

— Je sais que tu aimes ce plaisir, lui répondis-je ;

jusqu'à présent je ne me sentais aucun goût pour ces réunions, et, comme tu avais deviné ma répugnance, je te privais souvent, pour rester avec moi, d'une distraction à laquelle tu étais habitué. J'ai compris qu'il y avait de ma part de l'égoïsme à t'enlever un plaisir qui n'en était pas un pour moi, et maintenant je suis toute disposée à t'accompagner au bal toutes les fois que tu voudras y aller.

— Marianne, me dit Édouard d'un ton presque chagrin, tu manques de franchise avec moi. Ce n'est pas pour mon plaisir que tu demandes à aller au bal, c'est pour le tien. Depuis la soirée de l'autre jour, tu y as pris goût, non pour le bal lui-même, car je ne te crois pas si folle que cela de la danse, mais à cause de l'entourage.

— Quel entourage? et que veux-tu dire?

— Tu n'en es plus à ne pas me comprendre,— continua Édouard,— et je n'ai pas besoin de mettre des boisseaux de points sur les i : tu sais parfaitement ce que je veux dire. Quand une seule graine de coquetterie est tombée dans l'esprit d'une femme, le lendemain il y pousse une forêt.

— Je t'assure, Édouard, que je ne comprends pas ce que tu veux me dire.

— Marianne, me dit-il, as-tu cessé si vite d'être franche? Je ne sais rien de plus odieux l'hypocrisie.

— C'est toi qui le dis! m'écriai-je. Je m'en souviendrai, quand j'aurai besoin de m'en souvenir.

— Eh bien! maintenant, reprit Edouard, en supposant que ce soit véritablement avec l'intention de me faire plaisir que tu me proposais d'aller au bal, si je désirais au contraire n'y pas aller, que ferais-tu?

— Je n'irais point seule, j'imagine.

— Et tu ne serais point privée à ton tour?

— Pas le moins du monde.

— Tu paraissais pourtant bien heureuse l'autre soir au bal.

— M'en ferais-tu un reproche? répondis-je. Ce serait bien injuste; tu vois bien que je suis franche, puisque je n'ai pas songé à cacher le plaisir que j'avais éprouvé. Pourquoi l'aurais-je fait d'ailleurs? Ne m'as-tu pas dit cent fois que le plaisir devait être le seul but de la vie quand on était jeune? Ne t'ai-je pas entendu vanter avec enthousiasme les femmes insoucieuses et frivoles qui se mettaient un bandeau sur les yeux pour ne point voir vers quel avenir les entraînait leur présent et dont l'existence se passait entre un violon et une bouteille. En me parlant ainsi n'était-ce point, pour ainsi dire, m'encourager à faire comme elles? Mais, Dieu merci! je n'en suis pas là encore et ne voudrais point y être. Une seule fois, depuis que tu me connais, il m'est arrivé de tremper ma chanson dans un verre, et c'est toi-même qui l'avais rempli. Une seule fois il m'est arrivé de danser dans un bal et d'y oublier une timidité que tu appelais de la niaiserie : vas-tu donc m'en vouloir à présent? On m'a trouvée jolie, et on me l'a dit : fallait-il battre les gens qui avaient cette opinion? A ce compte-là, je devrais casser tous les miroirs qui saluent mon visage. On m'a dit que j'avais de l'esprit : je n'ai pas été fâchée de le savoir, bien que j'eusse préféré l'apprendre de ta bouche. Eh bien, oui, je ne le cache pas, j'ai été flattée des hommages qui m'ont accueillie; mais, je le répète encore une fois, c'était à cause de toi; et au lieu de la moue que tu m'as faite, j'espérais au contraire que tu serais content et fier de mon succès, comme peut l'être un auteur qui voit sa pièce applaudie; car enfin, puisque c'était à cause de toi que j'étais devenue ainsi, tu étais en réalité l'auteur de cette transformation qui paraît te chagriner à présent. Voyons, qu'est-ce que tu veux? dis-le-moi, que je sache à quoi m'en tenir, car en vérité je ne sais plus deviner ce qui te plaît ou te déplaît. Est-ce que tu as déjà assez de

9

Mariette, et désires-tu retrouver Marianne? Parle au moins; demain je reprends ma robe de village et mon bonnet de marchande de gâteaux de Nanterre. Autrefois tu te plaignais de ce que ta maîtresse avait l'air d'une servante, — tu craignais de m'entendre parler devant tes amis, à cause de mon jargon campagnard, — tu avais l'air de trouver qu'une femme n'était pas assez savante en amour quand elle ne pouvait écrire le sien qu'avec son baiser sur les lèvres de son amant. — J'ai appris à l'écrire avec une plume : — ma tendresse a de l'orthographe! J'ai mis des gants à mon langage comme tu m'en faisais mettre jadis à mes mains, — lorsqu'elles étaient grossières. — Depuis qu'elles ont cessé de gagner le pain qui me nourrit, elles ont la blancheur de l'hermine; — mes pieds chaussent des bottines faites chez les cordonniers des Cendrillons parisiennes; — mon corsage s'est habitué au supplice du corset, et ma taille est devenue si mince, que si je perdais ma ceinture, je pourrais, je crois, en me serrant un peu, la remplacer par mon bracelet! — Me trouves-tu donc trop changée ainsi? — Trouves-tu que je sache trop de choses? Je n'en sais pas tant que je ne puisse facilement oublier. Est-ce au contraire que tu me trouves encore trop ignorante? Dis-moi alors ce que tu veux que j'apprenne, — donne-moi au moins un programme : — quelle que soit la femme que tu veuilles faire de Mariette, elle aura toujours pour toi le cœur de Marianne.

— Mariette ou Marianne, s'écria Édouard quand j'eus achevé, pardonne-moi. Je suis fou ; je ne sais ni ce que je fais, ni ce que je dis. Mon ami a raison : je ne suis pas digne de posséder une créature comme toi.

Et il m'embrassa avec des transports dont je ne pus cette fois suspecter la sincérité. Dans ce moment-là du moins, j'en étais sûre, son cœur et sa pensée étaient à moi, rien qu'à moi. Il ne me trompait point et ne cherchait pas à se tromper lui-même. J'étais parvenue, pour une heure seulement, à lui faire oublier l'absente. Cela me consola un peu du chagrin que j'avais éprouvé l'avant-veille. J'en voulus moins à Édouard. Je sentais qu'il faisait des efforts pour m'aimer, et le souvenir qui l'attachait encore à son ancienne maîtresse blessait plus mon amour-propre que mon amour même.

— Allons, me dit Édouard en prenant son chapeau, partons-nous?

— Partir! mais où allons-nous? répondis-je.

— Au bal, fit Édouard. Ne veux-tu pas y venir, maintenant?

— Mais puisque cela te contrariait tout à l'heure?...

— Tout à l'heure j'étais un fou, me répondit Édouard.

— Et moi, répliquai-je, tout à l'heure j'étais une folle.

Édouard me regarda d'un air étonné. — Que veux-tu dire?

— Tout à l'heure, continuai-je, j'ai fait un peu de coquetterie : je ne te demandais à aller au bal que dans l'espérance que tu refuserais de m'y conduire.

— Qu'est-ce que cela signifie?

— Moi aussi, j'ai voulu faire ma petite expérience. Je voulais savoir si mon triomphe de l'autre soir ne t'avait pas inquiété un peu, et si tu étais véritablement resté indifférent en me voyant si familière avec tant de gens que je ne connaissais pas. Maintenant je sais à quoi m'en tenir; si tu veux m'en croire, nous n'irons pas au bal ce soir, et nous n'irons que le moins possible.

— Pourquoi? fit Édouard. Tu me disais que cela t'amusait.

— Oui, répondis-je, mais, je ne te le cache pas,

c'est un plaisir avec lequel je ne tiens pas à me familiariser ; il m'a suffi d'une fois pour m'apercevoir qu'il y avait peut-être du danger à respirer fréquemment cette atmosphère de flatterie. Ce qui n'est d'abord qu'un amusement peut devenir une nécessité avec l'habitude. L'oreille d'une femme est toujours ouverte plus qu'il ne faut aux séductions qui savent caresser sa vanité.

— Sais-tu que, pour la mienne, cet aveu n'est pas agréable? me répondit Édouard en riant.

— Veux-tu te blesser de ce que je préfère n'avoir de plaisirs que ceux qui me viennent de toi? Et puis je t'ai confié cette crainte pour t'amener à une demande que j'hésite depuis longtemps à te faire. Depuis que je suis avec toi, je ne me suis jamais préoccupée de mon avenir. Ma vie n'a commencé réellement que le jour où je t'ai connu ; elle sera finie le jour où tu me quitteras. Je ne veux pas tourmenter mon bonheur présent en y laissant pénétrer la pensée que ce jour doit arriver. Je n'en veux pas à ma destinée, qui exige que ce soit ainsi. Quand tu m'as prise, bien que je fusse très-novice, je savais que nous ne devions pas finir nos jours ensemble ; mais aussi, dès ce moment, je me suis promis à moi-même que lorsque l'heure de notre séparation aurait sonné, si je ne vivais plus avec toi par le fait, j'y vivrais toujours par le souvenir. Tu ne me crois pas?... interrompis-je en voyant qu'un sourire venait plisser les lèvres d'Édouard.

— Ma pauvre enfant, me répondit-il, nul en ce monde n'est maître de son lendemain ; l'avenir n'est à personne. Il y a là-dessus de beaux vers d'un grand poëte que je te ferai lire.

— Ainsi, tu ne crois pas que je t'aimerai toujours?

— Ma fille, *toujours* est la devise des amants, comme *jamais* est celle des ivrognes. *Toujours !* c'est un mensonge éternel que les uns et les autres commettent avec la plus grande sincérité. *Toujours*, c'est un billet signé par l'enthousiasme, et protesté tôt ou tard par l'oubli.

— Pourquoi t'efforces-tu de me faire douter d'un bon sentiment? et si je me trompe, à quoi bon me le dire d'avance ? N'en serai-je pas assez affligée quand je m'en apercevrai moi-même? Ainsi, en supposant que je reste avec toi jusqu'à l'époque où tu retourneras dans ta famille, en me quittant, tu ne serais pas heureux de savoir que le souvenir que tu laisserais en moi, serait comme un verrou qui fermerait à d'autres le cœur où tu as régné?

— Je ne sais pas pourquoi tu éveilles cette pensée

pénible de notre séparation future, dit Édouard. Fais donc comme moi : ne regarde jamais devant toi plus loin que le lendemain. L'aiguille du temps est arrêtée sur le midi de notre jeunesse ; les heures qui passent sur nos têtes sont comme de joyeux oiseaux qui gazouillent dans le printemps de notre vie. Pourquoi troubler ce doux concert en faisant sonner d'avance l'heure qui doit dire à mon cœur : Assez battu, assez aimé, assez rêvé ? — Il s'agit d'autre chose maintenant ! Tu vas devenir un homme sérieux ; tu épouseras une demoiselle quelconque, qui aura toutes les vertus, qui saura jouer du piano, que tu promettras de rendre heureuse devant un portrait du roi, et qui sera la mère de tes enfants, dont tu tâcheras d'être le père. — Que le diable t'emporte de me faire penser à ce dénoûment ! c'est comme si tu me faisais mettre à la fenêtre quand il passe un de mes créanciers dans la rue.

Je ne pus m'empêcher de rire de cette boutade dite d'un ton moitié railleur, moitié mélancolique.

— Voyons, reprit Édouard, achève au moins : où veux-tu en venir ?

— Eh bien, repris-je, lorsque nous nous quitterons, je voudrais, — c'est bien difficile à dire... Je voudrais n'avoir besoin pour vivre du secours de personne.

— Ah ! ah ! s'écria Édouard en me regardant avec un air que je ne lui connaissais pas encore, je devine maintenant : tu vois les choses de loin. C'est-à-dire, ajouta-t-il, qu'après notre séparation tu m'offres une fidélité que l'on n'est pas en usage d'exiger, et tu désires savoir d'avance si elle sera récompensée. J'admire ta prévoyance.

— Tu dis ? m'écriai-je croyant avoir mal compris.

— En d'autres termes, reprit Édouard, tu me demandes de t'assurer un sort. — Eh bien, j'y songerai. — Quand j'aurai la jouissance de ma fortune, je pourrai t'offrir le coupon d'une petite rente.

— Vous ne m'avez pas comprise, Édouard, interrompis-je.

— Si fait, parfaitement ! Cela est naturel : toute peine mérite...

— Ce que vous dites là est triste, m'écriai-je ; comment votre esprit est-il donc fait pour imaginer de pareilles choses ? Est-ce bien à moi que vous parlez ainsi ? Ah ! tenez, je ne sais pas pourquoi je vous aime, et je donnerais gros pour être guérie de cet amour, que vous n'insulteriez pas avec tant d'impunité, si vous en étiez moins sûr ! Quelles sont donc les femmes que vous avez connues jusqu'ici ? Vous ont-elles tellement empoisonné le cœur, qu'étant si jeune encore, il n'y reste plus même, à défaut d'amour, au moins le respect et la compassion pour celles qui vous aiment?—Toutes les maîtresses que vous avez eues, vous les avez donc achetées, puisqu'il vous paraît si étrange d'en rencontrer une qui se donne?

— Les mots sont les mots, que diable! interrompit Édouard; et puisque vous fréquentez le dictionnaire, vous devriez connaître la valeur de ceux que vous employez. —J'ai répondu à ce que vous m'avez dit; tout autre à ma place aurait compris comme moi. Ce qui m'a fait vous montrer un peu de froideur, Marianne, — ce n'est point la demande que vous m'avez faite; c'est qu'il vous a paru nécessaire de prendre l'avance pour la faire, et que, de votre part, cela m'a semblé une précaution mal placée, un manque de confiance qui m'a offensé sur le moment.— Pardonnez-moi mon emportement.—Ne parlons plus de cette affaire-là,—soyez sans inquiétude sur l'avenir, et — viens m'embrasser.

—Je vais vous embrasser parce que je vous aime, Édouard, lui répondis-je; mais encore une fois, vous vous êtes trompé; car l'amour qui aime bien a de meilleurs instincts. Avant que je me fusse expliquée, vous avez détourné le sens de ma pensée. Il y a autant de différence entre ce que je voulais vous demander

9.

et ce que vous m'avez proposé, qu'il y a de différence entre mon amour et le vôtre. Depuis que je suis avec vous, vous m'avez fait vivre, et bien vivre. A mon grand regret, j'ai su que vous aviez fait des dettes, mais je ne vous demandais pas ces prodigalités. Malgré moi, vous m'avez vêtue comme une grande dame, et, à mon corps défendant, vous m'avez donné des habitudes de coquetterie qu'il m'en coûterait peut-être d'abandonner maintenant; mais ces belles toilettes, qui étaient moins mes vêtements que ceux de votre propre vanité, convenez-en, je ne vous les demandais pas. De servante que j'étais avant de vous connaître, je suis devenue servie. Vous avez cru me faire monter, peut-être? Eh bien, moi, je pense au contraire que je suis descendue. J'ai lu le dictionnaire, comme vous le disiez tout à l'heure, — et je sais comment s'appellent les femmes qui portent des robes de soie, ont les mains blanches et font de bons dîners, sans avoir besoin de travailler : — ce nom-là, je ne veux pas qu'on me le donne, entendez-vous? J'ai pu accepter le bien-être dont vous m'aviez entourée, parce que je vous aimais. Je sais aussi, bien que vous paraissiez en douter, que tout ce que j'ai d'amour en moi, je l'aurai dépensé avec vous, et, quand vous me quitterez, je ne veux pas que vous me laissiez en héritage au désœuvrement et au libertinage des jeunes gens de ce quartier. Je veux pouvoir vivre seule, et de moi seule. J'ai de l'intelligence, de la volonté, du goût; j'apprendrai facilement et promptement un état. Cette inaction dans laquelle se passent mes journées me rend quelquefois honteuse de moi-même. Les heures me paraissent longues, quand vous n'êtes pas là. Ne vaudrait-il pas mieux, pendant que vous étudiez de votre côté, que je travaillasse aussi du mien? et ne pensez-vous pas que nous aurions plus de plaisir à nous retrouver ensemble le soir, après une journée bien employée? En me permettant d'apprendre un état dont je pourrais vivre quand vous ne seriez plus là, vous m'auriez rendu un service, et à l'amour que j'ai pour vous se joindrait encore ma reconnaissance. Et puis j'ai mon père, qui est vieux et pauvre. Si modique que fût le gain de mon travail, je pourrais encore en distraire une partie pour le secourir, car il n'hésiterait pas à accepter un argent qu'il saurait venir d'une source honnête. Telle est la demande que je voulais vous faire, telle est la précaution que je voulais prendre pour m'assurer un avenir indépendant, lorsque nous devrons nous quitter. Si vous m'aviez laissée parler, vous m'eussiez épargné le chagrin de savoir que vous me confondez avec les femmes dont l'amour commence par une caresse et finit par des chiffres.

— Tu m'as déjà parlé de cela en effet, et tu sais ce que je t'ai répondu, dit Édouard. Le sentiment qui te guide est très-honorable et part d'une bonne nature, mais, cette fois encore, comme les autres, je te répondrai la même chose. Je n'ai jamais compris une maîtresse qui à un moment donné cesse d'être une femme pour devenir une aiguille ou une paire de ciseaux. Chacun a ses goûts et son caractère. — Mes amis agissent comme il leur plaît; — j'en sais dont c'est le rêve d'avoir une femme qui travaille : pendant qu'elle s'occupe, disent-ils, elle ne pense pas à mal. — Moi, je ne suis pas fait ainsi; — mon amour ressemble à ce roi hautain qui ne voulait jamais attendre : — je veux que les lèvres de ma maîtresse soient toujours à la portée de mon baiser, et qu'elle et moi, nous vivions attachés l'un à l'autre par le trait-d'union d'un perpétuel désir. — S'il me plaît de fermer mes livres et d'aller courir avec elle dans les bois, — je ne veux point qu'elle soit obligée d'aller en demander la permission à personne; — s'il me plaît de faire nuit blanche autour d'une table joyeuse, entouré de mes amis, — je souffrirais de voir ma maîtresse regarder avec inquiétude pâlir les flambeaux, et me planter là au milieu d'un souper, en me donnant pour raison qu'elle doit être de bonne heure à son travail ; — ce mot-là m'est insupportable. — Mon amour-propre aurait d'ailleurs de la répugnance à savoir que ma maîtresse est en état de gagner elle-même de quoi s'acheter ses robes —en en faisant pour les autres ; —j'aimerais mieux lui voir déchirer tous les jours la robe nouvelle que je lui aurais donnée moi-même. — Quand je lis Lafontaine, je prends parti pour la cigale, et je donne tort à la fourmi. Maintenant que je t'ai dit mon opinion là-dessus, Mariette, tu feras néanmoins ce que tu voudras.

—Vous savez bien, Édouard,—lui répondis-je, que je ne veux jamais que ce que vous voulez, et qu'en toutes choses votre volonté est la mienne. Je ne travaillerai pas.

—Alors, me dit-il, ne parlons plus de cela.— Si tu es inquiète à cause de ton avenir, rassure-toi. Quand nous devrons nous quitter, je te fournirai les moyens d'assurer ton existence ;—tu te feras alors lingère si tu veux, et quand je serai notaire,— c'est toi qui me fourniras mes manchettes et mes jabots.—Mais je n'en suis pas encore là, car toutes les fois que j'essaye de passer un examen je suis repoussé par une majorité de *négresses;*—je n'ai jamais pu obtenir qu'une seule boule blanche,—et encore le professeur qui me l'a donnée s'était trompé : —il croyait être à la chambre, et voter pour le ministère.— Ah! vois-tu, ma chère, les *Pandectes* et *Justinien* sont chose bien maussade, et, pour être amusants, il faudrait que les codes fussent refaits par M. Alexandre Dumas.

X

Peu de temps après cette explication, qui n'avait amené aucun changement, Édouard reçut de sa famille une somme assez importante, destinée à l'acquittement de dettes contractées avant qu'il me connût. La plus faible partie de ces fonds seulement fut employée à l'usage auquel ils étaient destinés. De modiques à-compte donnèrent de la sécurité aux créanciers, qui, sachant Édouard de bonne famille, n'hésitèrent pas à lui ouvrir de nouveaux crédits. Un grand changement s'introduisit alors dans notre existence. Édouard quitta l'hôtel garni qu'il avait habité jusqu'alors, et prit un logement qu'il fit meubler presque avec somptuosité. — L'amour, me disait-il, est comme les bonnes pièces de théâtre, qui gagnent toujours à être jouées dans de beaux décors. Ne te trouves-tu pas mieux ici, au milieu de ces élégances et de ce confortable, que dans l'horrible niche à poëte crotté que nous venons de quitter ?

— Peu m'importe où je sois, lui répondis-je, pourvu que tu y sois avec moi !

— Ah ! me dit-il en riant, — tu es de l'école *une chaumière et ton cœur.* — J'aurai bien de la peine à t'aristocratiser. — Cependant, ajouta-t-il en me regardant, tu portes le velours et la soie comme si tu avais été au baptême dans des langes brodés par Palmyre.

Pendant deux mois, notre existence ne fut guère qu'une fête perpétuelle. Deux ou trois fois par semaine nous allions au spectacle, pour lequel je ne tardai pas à prendre un grand goût; nous suivions surtout assidûment les premières représentations. Je ne tardai pas à être remarquée de ce public particulier qui assiste aux solennités dramatiques, et sans doute confondue avec une certaine classe de femmes qui ont pour habitude d'y avoir leur loge ou leur stalle. Ma beauté, mise en relief par d'élégantes toilettes, devenait le pôle où se tournaient toutes les lorgnettes dès que j'entrais dans la salle, et, avec cette ouïe subtile de la coquetterie, qui ferait entendre à une femme sourde les compliments dont elle serait l'objet, je devinais les remarques flatteuses et la curiosité que ma présence excitait.

Un jour, Édouard me conduisit à l'Opéra : on donnait une représentation extraordinaire à laquelle concouraient les artistes du Théâtre-Italien, qui devaient exécuter un acte du *Pirate*. Quand un célèbre ténor chanta la fameuse cavatine qui est devenue classique, je me tournai machinalement vers Édouard, guidée peut-être par ce sentiment qui nous fait désirer de voir partager par un autre l'émotion que nous fait éprouver la vue ou l'audition d'une belle chose. Édouard ne regardait pas la scène : ses yeux étaient fixés sur la loge voisine de la nôtre. Au mouvement que j'avais fait, il s'était aperçu que je l'observais, et, s'étant détourné de mon côté, il essaya de me distraire en me demandant mon opinion sur la musique italienne. Je remarquai alors un peu d'altération dans sa voix, d'embarras dans son attitude, et il me sembla que ses regards se portaient de nouveau dans la direction de la loge d'à côté, occupée sans doute par des personnes qui se tenaient dans le fond, car je ne pouvais les apercevoir de ma place. Avant qu'Édouard eût pu me retenir et deviner ce que j'allais faire, je me penchai vivement en dehors de notre loge, et je regardai dans l'autre : elle était vide ; mais, au même instant, j'entendis le bruit de la porte que refermaient derrière elles les personnes qui venaient de sortir.

— Que fais-tu donc, Mariette ? me dit Édouard en me tirant par le bras.

— Je voulais savoir, lui répondis-je, qui tu regardais avec tant d'obstination tout à l'heure.

— C'est une cantatrice très-connue qui était dans cette loge, me répondit Édouard, et j'étais curieux d'observer l'effet que lui causerait cet air chanté par cet acteur. — Et il m'expliqua à voix basse la petite chronique qui circulait alors dans le public à propos de ces deux artistes. Cette explication me sembla jusqu'à un certain point plausible ; néanmoins je fis remarquer à Edouard qu'il avait paru bien ému en écoutant la cavatine.

— Il y a trois airs qui me produisent cet effet-là, me répondit-il : ce sont *la Dernière pensée* de Weber, *les Adieux* de Schubert et l'*adagio* de l'air que tu viens d'entendre. Quand Rubini chantait cette musique aux Italiens, les cariatides de l'avant-scène avaient des larmes aux yeux.

— Puisque c'est une cantatrice célèbre qui est près de nous, lui dis-je, lorsqu'elle rentrera dans la loge, tu me la feras voir ; je voudrais bien la connaître.

— Ah! répondit Édouard, elle n'était venue que pour l'opéra italien : elle ne reviendra sans doute pas.

— Probablement que si, lui dis-je, car elle a laissé son mouchoir sur le bord de la loge.

— Vraiment? fit Édouard.

— Regarde.

— C'est vrai. — Tiens-tu beaucoup à voir le ballet? me demanda-t-il.

— Non! lui répondis-je.

— Eh bien, allons-nous-en.

— Comme tu voudras.

Nous venions de quitter la loge et nous avions à peine fait quelques pas dans les corridors lorsque Édouard s'arrêta brusquement et me quitta le bras.

— Étourdi que je suis, me dit-il, j'ai oublié ma lorgnette. Attends-moi une seconde, je vais la prendre.

Pendant que je l'attendais, j'entendis un monsieur dire à un de ses amis, en lui désignant une femme qui se trouvait à quelques pas : — Tiens, voici Mlle J... G...

C'était le nom de la cantatrice célèbre dont Édouard m'avait parlé. Je la suivis des yeux pour voir si elle retournerait dans la loge qui était auprès de la nôtre, mais elle passa devant et se fit ouvrir une loge en face.

Quand Édouard m'eut rejointe, je lui dis que je venais de voir Mlle J... G...—Comment se fait-il, lui demandai-je, qu'elle ne soit point rentrée dans la loge où elle était tout à l'heure ?

— Ah ! me répondit Édouard, elle est sans doute dans celle de sa sœur la danseuse.

Nous allâmes souper. — J'étais entrée à peine depuis quelques instants dans un cabinet du café Anglais, lorsque je sentis une odeur douce et fine, n'ayant d'analogie avec aucun parfum connu, se répandre autour de moi et me pénétrer jusqu'au cerveau. J'en fis la remarque à Édouard, qui me répondit qu'il ne sentait rien.

— Il me semble, lui dis-je, que j'ai déjà respiré cette odeur, mais je ne me rappelle pas en quelle occasion. — D'où peut-elle venir ? Il est impossible qu'elle t'échappe.

— Je t'assure que je ne sens rien : ce seront sans doute les personnes qui nous ont précédés dans ce cabinet qui y auront laissé cette odorante trace de leur passage, qui n'est point perceptible pour moi.

Quand nous fûmes rentrés à la maison, je fis remarquer à Édouard que l'odeur nous avait suivis.

— Tu es folle, me répondit-il presque avec impatience ; et quand même cela serait, que veux-tu que j'y fasse ? Il y a des parfums assez violents pour s'imprégner après les étoffes, celui-là est peut-être du nombre ; s'il n'est pas désagréable, qu'est-ce que cela te fait ?

Cette nuit-là, Édouard resta seul dans son cabinet : il voulait travailler, me donna-t-il pour prétexte.

Depuis quelque temps, Édouard me faisait croire qu'il préparait un examen, et, deux ou trois heures par jour, il me laissait seule à la maison. Je remplissais ces heures de loisir par la lecture, qui, d'une distraction qu'elle était d'abord, finit par devenir une passion. Au bout d'un certain temps, Édouard fut tout étonné de voir que je connaissais en grande partie, et par leurs œuvres principales, les grands écrivains et les poëtes modernes. En voyant l'enthousiasme avec lequel je m'exprimais à propos de quelques-uns, il me railla un jour doucement et me dit.

— Prends garde, ma chère, tu vas devenir un bas-bleu.

Néanmoins je m'aperçus bien que, dans le fond,

sa vanité était chatouillée lorsqu'il me voyait quelquefois au milieu de ses amis, qu'il réunissait une fois par semaine, en état sinon de discuter, au moins d'apprécier les romans ou les drames nouveaux. Un jour, Édouard m'annonça qu'il allait faire venir un piano.

— Qu'en ferons-nous? lui dis-je. Nous ne pourrons nous en servir ni l'un ni l'autre.

— Serais-tu fâchée si je te faisais apprendre la musique? me demanda-t-il.

— Non pas, lui répondis-je; mais c'est bien difficile et bien long.

— Parbleu! je ne compte pas que tu deviendras de la force de Listz ou de Thalberg, mais je ne serais pas fâché que tu pusses tapoter passablement un air de romance ou une valse.

Le lendemain même, j'eus un piano et une maîtresse. Pendant les huit premiers jours, je me martyrisai les doigts à faire des gammes. J'étais occupée de mon piano comme un enfant d'un jouet nouveau; mais le bruit que je faisais agaçait horriblement Édouard.

—Si tu savais comme tu m'ennuies, ma chère, me disait-il en riant.

—Et moi donc, lui répondais-je, crois-tu que cela

m'amuse de faire *ta ra ta ta* toute la journée? Si je pouvais seulement jouer *Au clair de la lune*, ça me donnerait du courage.

— Eh bien! me dit Édouard, je recommanderai à ta maîtresse qu'en dehors des études élémentaires elle t'apprenne à jouer très-vite deux ou trois airs pour t'amuser; cela fait que tu pourras donner aux voisins l'idée que tu es musicienne.

En effet, ma maîtresse de piano, à force de patience, me mit en état d'exécuter tant bien que mal trois airs différents. Bien que j'eusse entendu seulement une fois le motif qu'elle m'avait appris en dernier lieu, il me sembla le reconnaître. — De qui est cette musique? demandai-je.

— Elle est de Bellini, me dit ma maîtresse de piano, dans l'opéra du *Pirate*.

— Ah! Et les deux autres morceaux?

— C'est *la Dernière-pensée* de Weber et l'air des *Adieux* de Schubert.

Je me rappelai alors qu'Édouard m'avait parlé de ces trois airs comme de ceux qui lui causaient le plus de plaisir, et je compris pourquoi il me les avait fait apprendre; mais une chose m'étonna : ce fut de voir que, dès qu'il m'eut entendue jouer les trois morceaux qu'il avait choisis, il suspendit les leçons de piano.

— Pourquoi as-tu renvoyé ma maîtresse ? lui demandai-je.

— Tu en sais assez, me répondit-il brusquement.

— Trois airs ! Je ressemble à une tabatière à musique.

— J'aime ces trois airs, répondit Édouard.

En effet, tous les soirs il me faisait mettre au piano et me priait de lui jouer souvent, même plusieurs fois de suite, ses morceaux favoris.

— Vois comme tu es égoïste, lui disais-je ; moi qui serais si contente si je pouvais jouer les jolies polkas que nous entendons dans les bals, tu ne veux pas que je continue mes leçons ! Pourquoi as-tu commencé à me faire apprendre ? Je suis comme un enfant à qui on n'aurait appris que le commencement de l'alphabet. Cela m'ennuie de répéter toujours la même chose. Et puis, tes trois airs sont très-beaux, mais ils sont tristes à mourir, et toi-même, quand tu les écoutes, tu as l'air tout mélancolique.

— Allons, ma petite serinette, me répondait Édouard en m'embrassant, va me jouer *la Dernière pensée* très-*piano*, et recommande les basses à ta main gauche.— Et si je détournais la tête, j'apercevais Édouard qui m'écoutait tout rêveur, le front appuyé dans ses mains.

Un jour il me demanda pourquoi, au lieu de me coiffer avec des anglaises, je ne portais pas mes cheveux en bandeaux ondulés.

— Je ne sais point si cette mode ira à l'air de ma figure, lui répondis-je, mais j'essayerai.

Le lendemain même, comme je faisais l'essai de ma nouvelle coiffure, je trouvai sur ma table de toilette un flacon d'essence portant un nom exotique très-peu commun dans la parfumerie ; le même parfum qui m'avait poursuivie si obstinément pendant la soirée de l'Opéra, se répandit dans ma chambre avec une violence singulière. J'appelai ma femme de chambre, et je lui demandai pourquoi elle avait, sans me consulter, changé l'odeur dont je me servais habituellement, l'héliotrope ou la verveine. — Ce n'est point moi, madame, me répondit-elle ; c'est M. Édouard qui m'a dit de mettre cela sur votre toilette. — Édouard, que je questionnai à ce propos, me répondit que ce parfum, qui avait de grandes qualités hygiéniques, lui avait été recommandé par un chimiste de ses amis.

— Mais, lui demandai-je, comment se fait-il que cette odeur soit précisément la même de l'autre soir, tu sais bien ?

— De quoi t'inquiètes-tu ? me répondit-il ; si ce parfum te déplaît, ne t'en sers pas,—c'est bien simple :

— Ce n'est point qu'il me déplaise, mon ami, — mais... je ne sais !

— Quoi ? fit Édouard.

— Rien, lui répondis-je, — voyant qu'il allait entrer en colère. Le soir, il me pria de me mettre au piano.

— Ah ! c'est bien ennuyeux ! m'écriai-je. Et comme je jouais très-négligemment, il m'arriva de fausser quelques mesures de l'accompagnement.

— Fais donc attention à ta main gauche, s'écria-t-il, tu joues faux. Aussi, pourquoi ne regardes-tu pas le clavier ?

— Je n'ai pas besoin de regarder ; je suis tellement fatiguée de cette musique, que je l'exécute comme une mécanique. Je suis sûre de jouer juste en fermant les yeux.

— Je gage, s'écria Édouard en se levant avec précipitation, que tu n'es pas capable de jouer sans lumière.

— Nous allons bien le voir, m'écriai-je à mon tour, et, ayant soufflé les bougies, j'exécutai très-correctement la mélodie des *Adieux*. J'avais à peine achevé lorsque Édouard, qui s'était approché de moi sans que je l'entendisse, m'attira brusquement vers lui, et je le sentis qui couvrait mon front et mes cheveux déroulés de baisers fous.

— Mais qu as-tu donc? lui dis-je en riant; je ne t'ai jamais vu ainsi.

— Je ne sais, me dit-il; c'est cette musique, cette soirée de printemps, ces odeurs de lilas qui entrent par les fenêtres, ce parfum qui émane de ta chevelure. Le cœur a quelquefois de ces ivresses spontanées.

— Je vais rallumer les bougies, dis-je.

— Non! non! s'écria Édouard, c'est inutile, restons ainsi; il me semble que l'obscurité augmente encore le charme de ce moment délicieux. — Et il s'étendit à mes pieds, tenant mes mains sur ses lèvres et ne disant pas un mot.

Le bonheur que me causa cette soudaine explosion de tendresse fut bientôt troublé par de vagues appréhensions. Des soupçons navrants murmuraient dans mon esprit, mais je m'efforçais de les repousser avant qu'ils se fussent formulés clairement. Il me semblait que toutes les arrière-pensées, tous les sentiments de doute seraient, si je les admettais en ce moment, une offense faite à l'amour qu'Édouard avait pour moi. Qu'y avait-il d'étonnant à ce que cet amour se manifestât avec plus de vivacité en de certains instants que dans d'autres? N'étais-je pas ainsi moi-même à l'égard d'Édouard? N'y avait-il point des jours où il me semblait plus cher, où son absence me faisait plus triste, où son retour me trouvait plus joyeuse? Comme l'esprit et l'imagination, le cœur n'avait-il donc pas ses heures de verve, d'emportement, d'enthousiasme, s'expliquant par les choses en apparence les plus futiles : un chant d'oiseau, une musique lointaine, un mot dit d'une certaine façon, et transformé par l'accent en une caresse de langage? Pour être durables et supportables d'ailleurs, toutes les passions extrêmes ne doivent-elles pas avoir leurs époques de trêve ? Si la concentration perpétuelle de l'esprit dans une seule pensée amène la folie, la concentration du cœur dans un sentiment unique n'aurait-elle pas aussi ses dangers? N'était-il donc point naturel, alors, que l'amour eût ses variations, son atmosphère particulière pour ainsi dire, ses temps de calme qu'il serait injuste de prendre pour du refroidissement ou de l'indifférence, puisqu'ils ne sont en réalité qu'un repos, un recueillement nécessaire, durant lequel le cœur prend de nouvelles forces et se prépare à ces débordements impétueux qui semblent un délire ?— C'était par toutes ces réflexions que j'essayais intérieurement de justifier les transports dont Édouard venait d'être saisi auprès de moi ; et comme on est toujours habile à gagner son procès quand on se fait l'avocat de sa propre cause, je trouvais encore mille raisons qui me venaient expliquer le motif de cet accès de passion soudaine. Ne réalisais-je pas mieux chaque jour le programme des qualités et même des défauts qu'Édouard semblait exiger dans une femme aimée, pour qu'elle lui parût parfaite? Ses idées, quelquefois singulières, et qui d'abord étaient les plus antipathiques avec mes goûts, j'avais fini par les admettre et même par les partager. Quand il lui arrivait de me consulter sur quelque chose, je saisissais du premier coup le sens de sa question, et jamais ma réponse n'apportait un envers à son avis. Corrompu, sinon de cœur au moins d'esprit, par une longue fréquentation de quelques jeunes gens qui passaient leur temps à mettre des étiquettes ridicules aux sentiments et aux choses les plus honorables, Édouard était devenu, moins par conviction que par le désir d'étaler une vaine audace, un de ces joueurs de paradoxe, un de ces sophistes dont l'immoralité de convention se fait une tribune des tables d'estaminet où ils accroupissent leur existence oisive, ouvrant l'oreille à tout mauvais propos et la fermant au proverbe qui dit: « Ne rien faire est mal faire. » Ces conversations d'après boire qui, dans les premiers temps, me rendaient rougissante et confuse, avaient maintenant pour moi une sorte d'attrait : j'y prenais part avec une vivacité qui m'attirait les applaudissements des compagnons d'Édouard. J'avais appris peu à peu à parler leur libre langage, où le cynisme de l'expression égalait celui de la pensée. De la petite Marianne, la naïve servante de *la Bonne Cave*, il ne restait plus en moi qu'un souvenir chaque jour oublié davantage, parce que je voulais le faire oublier à Édouard. L'élan qui venait de le courber à mes genoux, c'était peut-être, en même temps qu'un cri d'amour, le cri de sa reconnaissance tardive, quand il s'était aperçu que, fidèle à ma promesse, en devenant la femme qu'il avait désiré que je fusse, de tout mon être ancien je n'avais conservé que mon cœur.

Au bout d'une heure de silence, Édouard se leva subitement, et alla s'asseoir à quelque distance de moi. Je rallumai les bougies, et je me retirai dans ma chambre, inquiétée intérieurement par la placidité soudaine qui sans transition remplaçait son enthousiasme. Le baiser qu'il m'avait rendu ne ressemblait pas à ceux qu'il m'avait donnés quand nous étions à la fenêtre. C'était le même homme qui venait de m'embrasser, et il me semblait que ce n'était pas avec les mêmes lèvres.

Peu de jours après cette soirée, Édouard m'annonça

qu'il venait de louer à Bellevue une habitation de campagne, et que nous irions y passer un mois ou deux de la belle saison, dans laquelle on venait d'entrer. Le lendemain même, nous étions installés dans un des petits cottages qui bordent cette magnifique avenue de Meudon, dont le panorama lutte d'immensité avec celui de la terrasse de Saint-Germain. Dans la journée, Édouard me quittait pour aller suivre les cours, car le chemin de fer le mettait à une demi-heure de l'École. Le soir, après le dîner, nous allions faire ensemble une promenade dans le parc ou dans le bois de Meudon, tout peuplé de charmantes oasis, qui appellent la solitude à deux, et conviennent aux dialogues à bouche close. Quelquefois, au retour de ces promenades, je régalais Édouard de son petit concert, dont le programme était resté invariable. — Et la même scène qui m'avait surprise un soir se renouvela encore deux ou trois fois.

— Quelle singulière manie as-tu donc? lui disais-je; ne saurais-tu m'embrasser sans me décoiffer ainsi?

— Es-tu donc fâchée que je trouve tes cheveux beaux et que mes lèvres le leur disent? me répondait Édouard.

Un matin, j'eus occasion de faire des reproches à ma bonne, à cause de sa négligence.

— Je ne sais comment cela se fait, lui dis-je, mais chaque fois que la blanchisseuse rapporte mon linge, il y manque quelque chose ;— cette fois encore on m'a égaré un mouchoir auquel je tenais beaucoup.

— Peut-être ne lui avait-on pas donné à blanchir cette fois, répondit ma bonne.

— Il me manque cependant, et je serais désolée qu'on ne le retrouvât point,— car c'est un objet de prix.

— Je vais chercher partout, dit la bonne.

Cinq minutes après elle rentra dans ma chambre.

— Eh bien ! avez-vous trouvé ? lui demandai-je.

— Oui, madame.— J'ai eu une bonne idée : — comme j'avais cherché partout chez madame, sans rien trouver, — j'ai cherché dans la chambre de M. Édouard. — C'était une bonne idée : j'ai trouvé le mouchoir,—il était dans l'armoire à glace,— dans un coin, comme si on l'avait caché,— mais l'odeur me l'a fait découvrir.

— Quelle odeur?

— Madame sait bien :—cette odeur si forte, qu'elle emploie depuis quelque temps ?

— Donnez, lui dis-je.

Au premier coup d'œil, je m'aperçus que ce n'était pas le mouchoir que je pensais perdu. Il était beaucoup plus riche que celui que j'avais,— et de ses plis s'émanait ce parfum étranger dont Édouard avait désiré que je fisse usage pour mes cheveux.—Je renvoyai ma bonne.—Quand je fus seule, j'examinai plus attentivement cette trouvaille, qui allait sans doute me mettre sur la trace d'une intrigue ;—un chiffre était brodé dans le coin, un *J.* et un *G.*—Au même instant où je faisais cette découverte, j'entendis les pas d'Édouard dans la chambre voisine.—Il était à peine entré dans la mienne que je m'étais dressée devant lui.

— Qu'est-ce que cela? lui dis-je, en lui mettant le mouchoir sous le nez.

— Ça ? me répondit Édouard tranquillement, c'est un chiffon qui sent ma foi très-bon.

— Vous sentez donc les odeurs aujourd'hui ? lui dis-je, irritée de son sang-froid.

— Ah çà ! mon enfant,—continua Édouard sur le même ton,—est-ce une scène que tu veux me faire ? —alors préviens,—frappe les trois coups ;—et d'abord, ajouta-t-il en se laissant tomber dans un fauteuil, laisse-moi m'asseoir dans ma stalle ;—maintenant j'y suis, tu peux commencer. — *Le mouchoir qui sent bon,*—comédie en un acte,—et en prose, n'est-ce pas ? — tâche que ce soit en prose.

— Édouard, lui dis-je, c'est cruel à vous d'ajouter

une telle ironie à une trahison : —c'est assez du poignard,— ne l'empoisonnez pas.

— Ah! ah! s'écria-t-il, ce n'est point une comédie : poignard et poison,—voilà qui promet un drame. —Continue. — La colère te va comme le jaune aux brunes.

— Comment se fait-il que j'aie trouvé ce mouchoir dans un de vos meubles?

— La sagesse des nations dit:—Cherchez, et vous trouverez.— Tu as cherché, et tu as trouvé; et voilà ce qui prouve une fois de plus la vérité du proverbe.

J'observais la figure d'Édouard :— il était un peu pâle,— mais impassible.

— Me direz-vous au moins pourquoi il s'y trouvait caché?—saurai-je à qui appartient cette relique d'un amour...

— Ah! ah! tu brûles, s'écria Édouard ;—relique est le mot vrai,—et relique d'amour est bien trouvé; —d'amour, en effet. Que tu es belle, Mariette,—que tu es belle ainsi!—Tu as du phosphore dans les yeux; on dirait que tu poses pour Némésis : il ne te manque qu'un fouet à la main.

—Ainsi, vous convenez que ce mouchoir appartient à une femme?

— Aurais-je dit une femme? exclama Édouard. —

Une femme, Seigneur!— Non, ce n'est point une femme, c'est une déesse!— Pourquoi voudrais-tu qu'il n'y eût que toi de déesse au monde?— C'est de l'égoïsme.

— Édouard, m'écriai-je,— ce que vous faites en ce moment est honteux. Ce ton de plaisanterie, quand vous savez tout ce que je souffre, est indigne.

— Qui touche au feu se brûle, me répondit-il :— c'est encore imprimé. Pourquoi es-tu entrée dans le cabinet de Barbe-Bleue? Si je te coupais la tête un peu, pour t'apprendre? — Ah! Mariette, ajouta-t-il d'une voix plus douce, en me forçant à m'asseoir sur ses genoux, que j'aime cette larme qui vient éteindre l'éclair de ton regard de Méduse!—Allons, ôte-moi bien vite ce vilain masque qui gâte ton doux visage, fait pour les émotions pacifiques de l'amour et du plaisir.— Assez de mélodrame comme cela;— passons à la comédie, et tâchons de rire un peu :— nous n'avons qu'un temps à vivre.— Tu disais donc que ce mouchoir chiffonné te chiffonne? — Tiens, voilà déjà un mot très-gai,— demande plutôt à M. Scribe. —Allons, ris un peu, Mariette.

Et il faisait de si drôles de mines en me parlant ainsi que, malgré le peu de désir que j'en eusse, — je ne pus m'empêcher de sourire.

— Ah ! ah ! le voilà donc revenu, notre bon rire? s'écria Édouard— en frappant dans ses mains. — Vois-tu, ma chère, la bouche d'une femme est faite pour trois choses : pour sourire, pour embrasser et pour dire : Je t'aime. — Ah ! j'oubliais : — et pour manger des gâteaux, ajouta-t-il en tirant de sa poche quelques friandises qu'il avait rapportées de Paris.

— Mais, en attendant, repris-je alors, je n'en suis pas plus avancée sur l'origine de ce mouchoir. — D'où vient-il?—Pourquoi a-t-il cette odeur que tu me fais mettre dans mes cheveux, que tu aimes tant à embrasser justement depuis que je me sers de ce parfum?— Avoue qu'il y a dans tout ceci quelque chose de singulier, et qu'il faudrait que je t'aimasse bien peu pour ne pas m'en émouvoir. — Et cette marque *J. G.*— De quel nom ces lettres sont-elles les initiales,—ah ! mon ami, tu as beau faire, vois-tu, — je devine,— malgré moi, je devine.

— Eh bien ! sorcière, voyons un peu — ce que tu devines.

— Eh bien, lui dis-je,— tu as pris ce mouchoir à l'Opéra.

— Exact.

— Dans la loge qui était près de la nôtre.

— Scrupuleusement véridique.

— Et où se trouvait sans doute une personne?
— Où se trouvait certainement une femme.
— Qui s'appelle?...
— Qui s'appelle, interrompit Édouard, en partant d'un grand éclat de rire,—qui s'appelle *Semiramid* —*Norma*,—*Elvire*, au théâtre;—et dans la vie privée, Julia G... Je lui ai volé son mouchoir,—c'est authentique,—par enthousiasme pour son beau talent, —comme tu le disais tout à l'heure,—ce mouchoir est une relique de l'amour—de l'art,—voilà l'histoire,— et maintenant tu peux me faire traduire aux assises.

— Si ce que tu me dis est vrai, — pourquoi alors t'es-tu caché de moi?— lui demandai-je.

— Parce que je craignais que cette fantaisie artistique que je me suis passée ne fît faire de fâcheux commentaires à ta jalousie féminine. — Maintenant j'espère bien que tu vas me rendre le précieux tissu qui a touché les lèvres de la *diva*.

— Mais, continuai-je en regardant toujours le mouchoir et en observant Édouard, — suis-je bien obligée de te croire?— il n'y a pas que cette cantatrice qui porte ces initiales, —tu as reçu autrefois des lettres que j'ai vues, — les lettres de l'autre personne, — son nom aussi s'écrivait ainsi, — ajoutai-je en lui montrant le chiffre brodé.

—Et tu en conclus que ceci lui appartient?— A ce compte-là, me répondit-il en riant plus fort — et en me mettant sous les yeux sa pipe qu'il alla prendre sur la cheminée, — cette pipe, — qui est également marquée *J. G.* — serait donc aussi à la personne dont tu veux parler. — Ma pauvre Mariette, je vois avec chagrin que tu es sur le chemin de la Salpêtrière.

N'étant pas habituée à mentir, et n'y étant jamais obligée, j'ignorais toutes les ruses subtiles de la dissimulation, tous les faux-fuyants de langage qu'un esprit adroit peut employer pour faire échapper la vérité. Durant toute cette discussion, mes yeux n'avaient point quitté Édouard. — Jamais juge d'instruction ou chien d'arrêt n'avait porté plus loin l'obstination et la fixité du regard. — Sa tranquillité ne s'était point démentie une seconde, et les inflexions de sa voix étaient constamment restées dans le ton de la plus parfaite sincérité.— Cependant, malgré le désir que j'avais de me laisser convaincre, ses explications n'avaient point apaisé mes soupçons ; — mon amour inquiet n'était pas rassuré, mon cœur tourmenté par la jalousie disait à mon esprit : Cherche encore. Mais les doutes et les demi-convictions ne me suffisaient pas, je voulais avoir une certitude qui ne permît plus aucune hésitation à mon incrédulité, — une preuve, pierre de touche pour ainsi dire, qui vînt m'aider à découvrir laquelle avait raison d'être parmi toutes les suppositions contradictoires qui peuplaient ma pensée confuse.

Un matin, avant son départ pour Paris, Édouard m'annonça qu'il devait y dîner avec un de ses amis, et que je ne fusse point étonnée s'il rentrait plus tard que de coutume. Au moment où il me quitta, je ne sais à quel propos je me mis à la fenêtre, et j'aperçus Édouard qui, au lieu de se diriger du côté conduisant au débarcadère, remontait au contraire l'allée dans le sens opposé. Tout à l'heure il s'était plaint d'être en retard; pourquoi prenait-il ce singulier chemin? Et, comme je le suivais des yeux, je le vis ralentir le pas et se promener devant une maison de campagne située à une cinquantaine de pas de la nôtre, et dont ses regards semblaient épier les fenêtres. Deux ou trois fois je l'aperçus qui s'approchait de la petite porte d'un jardin attenant à cette habitation. Au bout de cinq minutes à peu près, il se décida à reprendre sa route; mais, deux ou trois fois encore, je le vis se retourner et regarder dans la direction du lieu qu'il venait de quitter; puis il disparut au tournant d'un sentier par lequel il pouvait, bien que ce fût plus long, regagner le chemin de fer.

Quand je quittai la fenêtre et que je rentrai dans ma chambre, j'aperçus ma figure dans la glace : j'étais toute pâle et mes traits étaient bouleversés. Un bourdonnement confus troublait mon cerveau comme aux approches d'une fièvre ardente. Ma femme de chambre parut effrayée de me voir ainsi, et me demanda ce que j'avais.— Rien, lui répondis-je, une migraine. Je vais aller faire un tour dans le parc; cela passera.

En me dirigeant vers la maison devant laquelle j'avais vu Édouard s'arrêter, je fis la réflexion que, lorsqu'il nous arrivait de sortir ensemble, il me faisait toujours passer du côté opposé à celui où se trouvait cette habitation. Comme je n'en étais plus qu'à quelques pas, les sons d'un piano arrivèrent jusqu'à moi, et je ne tardai point à reconnaître le prélude de l'un des airs qu'Édouard me faisait jouer si souvent : c'était l'adagio de la cavatine du *Pirate*. Lorsque je fus sous les fenêtres de la maison, le piano commença une autre ritournelle, et une voix de femme chanta ce couplet sur la mélodie des *Adieux* de Schubert :

> Voici l'instant suprême,
> L'instant de nos adieux.

O toi ! seul bien que j'aime,
Sans moi retourne aux cieux.
La mort est une amie
Qui rend la liberté.
Adieu donc pour la vie
Et dans l'éternité !

Édouard, à qui j'avais plusieurs fois demandé la chanson sur laquelle était faite cette musique, m'avait répondu qu'il n'existait pas de paroles sur cette mélodie. Le chant et l'accompagnement de piano s'éteignirent brusquement dans une rumeur causée par des éclats de rire enfantins; puis le silence se fit dans la chambre, et je n'entendis plus rien. Cette certitude que je demandais la veille, j'allais donc pouvoir l'acquérir enfin. Déjà j'appelais à moi toutes les forces de ma volonté pour prendre un parti; d'avance je réunissais tout mon courage pour supporter le coup terrible que j'allais me porter moi-même. Tout à coup, à travers la porte du jardin, dont la partie supérieure était à claire-voie, j'entendis retentir les voix des enfants dont l'arrivée avait, une minute auparavant, interrompu la femme qui chantait; c'était leur mère sans doute. Je m'approchai de la porte; c'était là, près de cette grille, que j'avais vu Édouard essayant de regarder dans l'intérieur. J'avais bien deviné; c'étaient la mère et les enfants, car j'entendis l'un do

ceux-ci qui disait « maman ». La mère répondit
quelques paroles; mais je ne me souvins pas d'avoir
jamais entendu cette voix. Après tout, que m'importait cela? Connue ou non, cette voix était celle d'une
femme, et c'était devant sa maison, sous ses croisées
que j'avais vu Édouard s'arrêter. N'en était-ce point
assez pour m'alarmer justement? Et cette musique,
que j'avais entendue, ne me disait-elle pas tout?
Quelle était cette femme? Enfin j'allais le savoir; je
n'avais qu'à me dresser un peu sur la pointe du
pied pour atteindre la partie grillée de la porte qui
laissait le jardin pénétrable aux regards. En me rapprochant de cette porte, j'étais comme un condamné
qui se bouche l'oreille pour ne pas entendre lire sa
sentence; je voulais et je ne voulais plus. Cette preuve
tant souhaitée que je savais n'être plus séparée de
moi que par un seul regard, cette preuve qui venait à moi, en songeant à tout ce qu'elle allait détruire, je me mis à trembler. Un instant j'eus l'idée
de fuir : je voulais retourner à la maison, oublier
ce que j'avais vu et me renfermer dans mon ignorance
primitive; mais je n'eus pas le temps de retourner
en arrière : la porte s'ouvrit brusquement. Je m'écartai de quelques pas, et du jardin je vis sortir,
donnant la main à ses deux enfants, une femme que

j'eus bientôt reconnue : c'était Mme J. G..., l'ancienne maîtresse d'Édouard.

Sans se douter de la terrible revanche qu'elle prenait en ce moment même par le seul fait de sa présence, elle passa devant moi et ne me reconnut pas. Une année presque entière s'était écoulée depuis le jour où je croyais l'avoir, par mon mensonge, à tout jamais séparée d'Édouard, et d'ailleurs, en supposant qu'elle eût gardé de moi un souvenir, elle ne pouvait point retrouver la femme qu'elle avait vue jadis dans la femme qui se trouvait près d'elle en ce moment. En la voyant si tranquille, je ne pus m'empêcher de songer en moi-même qu'il fallait sans doute qu'elle eût bien complétement oublié Edouard, et qu'elle ne l'aimât plus, puisque rien ne lui avait dit en me voyant que j'étais sa rivale. Bien que je ne l'eusse regardée qu'avec beaucoup de réserve, pour ne point attirer son attention, je m'aperçus que sa coiffure était la même que celle dont Édouard avait, quelque temps auparavant, désiré que j'adoptasse la mode. Si puérile que semblât cette remarque dans la circonstance présente, elle n'était pas moins pour moi comme la dernière lettre d'un mot qui venait achever le sens d'une énigme déjà a moitié devinée. Avant de savoir que la femme qui allait sortir de cette maison était la même qu'Edouard avait jadis aimée, mes pressentiments ressemblaient aux pièces dispersées d'un de ces jeux de patience dont le sujet n'est saisissable que dans la réunion complète des fragments qui le composent. Tant qu'il en manque un seul, l'ensemble du tableau reste encore vague, et permet des interprétations diverses. Avant la découverte que je venais de faire, il en était de même de mes pressentiments, qui ne pouvaient rien préciser; mais dès cet instant je sus à quoi m'en tenir. Je n'avais plus même une seule raison pour douter de la vérité; tout ce qui était mystérieux était devenu clair et irrécusable, même pour l'incrédulité la plus obstinée. Ah ! combien je regrettais alors mes doutes et mes incertitudes ! Mais il n'était plus temps; j'avais voulu savoir, je savais.

J'avais pour ainsi dire sous les yeux le plan détaillé de la comédie qu'Édouard m'avait fait jouer depuis que nous nous connaissions. Je me rappelai alors que dans cette nuit même où, pour me convaincre qu'il ne songeait plus à son ancienne maîtresse, il avait jeté par la fenêtre une boucle des cheveux de madame J. G., j'avais senti pour la première fois ce parfum qui m'avait de nouveau poursuivie le soir de l'Opéra où Édouard, pour avoir un souvenir de son ancienne maîtresse, lui avait dérobé son mouchoir. C'était bien la présence de Mme G... qui avait causé l'émotion que j'avais remarquée chez Édouard dans cette même soirée de l'Opéra, pendant qu'on chantait sur la scène cette cavatine du *Pirate* qu'il m'avait fait apprendre à lui jouer sur le piano, ainsi que les deux autres airs, qui formaient sans doute le répertoire favori de son ancienne maîtresse. En m'écoutant, il se rappelait ainsi les heureuses soirées passées jadis auprès d'elle dans un demi-jour paisible et discret, alors qu'il se tenait, comme il faisait avec moi, derrière sa chaise, le cœur extasié et la figure noyée dans les ondes de ses cheveux bruns, imprégnés des enivrants parfums de la flore tropicale chers à cette dame, qui était créole, et dont il m'avait ordonné l'usage pour ajouter une illusion de plus au simulacre de cet amour adultère. Je m'expliquai ainsi pourquoi il préférait l'obscurité quand je lui faisais de la musique, et pourquoi il n'avait point voulu que j'apprisse les paroles des airs qu'il me faisait jouer : c'est qu'il craignait que ma figure et ma voix ne vinssent donner un démenti aux chimères qu'il évoquait, et que ma réalité, surgissant brusquement au milieu de son rêve, ne fît évanouir le fantôme chéri. Ainsi, lorsque j'avais cru qu'É-

douard renonçait à ses projets d'expérience, que je
ne comprenais point du reste, je m'étais trompée.
Quand je m'étais crue aimée de lui, je m'étais trompée encore. Pendant un an, il m'avait menti du
cœur et menti des lèvres, et pendant un an j'avais
pu me laisser prendre à cette imposture quotidienne.
Lorsque, par tous les moyens possibles, je m'efforçais de hâter cette métamorphose, qui devait si rapidement me rendre méconnaissable à moi-même;
quand, chaque jour, je tâchais de détruire une de mes
plus rustiques ignorances, un de mes bons instincts
natifs; quand j'apprenais chaque jour à déchiffrer
un mot de plus dans le dictionnaire des séductions
civilisées; lorsque, pour flatter les goûts d'un amant,
ou pour satisfaire sa vanité, je *m'habituais* à des habitudes qui répugnaient à ma nature instinctive, —
je me grimais moi-même, et sans m'en douter, pour
lui mieux rappeler la femme qu'il n'avait jamais
cessé d'aimer. Je n'étais qu'un automate vivant,
ayant le don de parole et d'intelligence, qu'on faisait
mouvoir au gré de son caprice, qu'on faisait poser,
comme les peintres font de leurs modèles, sous de
certains costumes, dans de certaines attitudes et
dans la lumière de certains *jours*, et moi-même j'avais favorisé cette honteuse parodie. Quand Édouard

me parlait de sa tendresse, ce n'était point à moi qu'il parlait, et quand ma tendresse répondait à la sienne, ce n'était point moi qu'il entendait. Mon amour n'était pas mon amour, ce n'était que l'écho de l'amour qu'une autre femme avait jadis eu pour lui.

Quand je rentrai à la maison, j'étais comme folle; je brûlais de me trouver en face d'Édouard. Je supposais qu'il était près de moi, alors j'éclatais en reproches amers et je me répondais à moi-même, comme si c'eût été lui qui eût parlé. Mais que pourrait-il me dire pour se justifier? Tenterait-il même une justification? et ne se bornerait-il point à me répondre : « C'est vrai ! »

Au milieu de mes pénibles anxiétés, une circonstance très-simple d'ailleurs, une lettre de Paris à l'adresse d'Édouard, et dont le timbre portait le quantième du mois, vint me rappeler que ce jour était l'anniversaire de celui où j'avais quitté mes habits de village pour prendre ceux que j'avais gardés depuis. Il y avait donc juste une année que j'avais commencé à cesser d'être Marianne pour commencer à devenir Mariette. Le rapprochement de ces deux dates, dans la situation où je me trouvais, m'inspira la singulière idée de reprendre pour cet anniversaire les habits que je portais autrefois, et que j'avais conservés par je ne sais quelle superstition : je voulais savoir quel sentiment jaillirait de la première surprise d'Édouard, quel accueil il ferait au costume de la petite paysanne, et comment répondrait son cœur interrogé à l'improviste. En me voyant ainsi sous ces vêtements grossiers, qui faisaient disparaître l'élégance de ma taille, peut-être comprendrait-il d'où j'étais partie et où j'étais arrivée pour lui plaire, tout ce qu'il m'avait fallu de persévérance et de soins ; peut-être aurait-il une honte intérieure du rôle qu'il me faisait jouer depuis un an ; peut-être un cri d'amour sincère lui échapperait-il ! Et puis, dans la lâcheté de ma tendresse, je commençais déjà à faire des concessions : je trouvais, sinon des excuses à sa conduite envers moi, au moins des prétextes par lesquels je tâchais de le justifier. Les romans que j'avais appris à lire m'avaient montré des hommes qui avaient aimé deux femmes et dont le double amour était sincère. Ne voyant plus une exception monstrueuse dans Édouard, je me disais que je pourrais peut-être m'habituer à cette bigamie de son cœur ; qu'il n'aimait l'autre que comme un souvenir et qu'il m'aimait, moi, comme une réalité ; qu'au fond c'était encore ma part qui était la meilleure ; et, je ne m'apercevais pas que ce moyen conciliateur, dont ma faiblesse s'était emparée, était absolument le même raisonnement que je m'étais tenu à moi-même le jour où, lui ayant souhaité sa fête, il avait fait si peu d'attention à mon bouquet, préoccupé qu'il était par l'idée que c'était son ancienne maîtresse qui le lui avait envoyé. Je me rappelai que c'était aussi ce jour-là que j'avais entendu Édouard déclarer que je lui étais nécessaire, et je ne pouvais m'empêcher d'avouer qu'il en était de même pour moi, et que, par un sentiment différent du sien, je ne pouvais pas plus me passer de lui; quoi que je fusse à ses yeux, que lui ne pouvait se passer de moi. Je songeai aussi que ma métamorphose passagère de Mariette en Marianne fournirait peut-être une entrée tranquille dans l'explication que je désirais avoir avec Édouard, quand il serait de retour. Enfin je trouvai mon projet excellent, et je me hâtai de le mettre à exécution. J'étais habillée à peu près depuis une heure, quand j'entendis Edouard sonner à la porte de la maison. Malgré moi et malgré mes pacifiques résolutions, mon cœur bondit dans ma poitrine avec le farouche instinct de haine qui indique à un ennemi l'approche de son ennemi; mais cette agitation tumultueuse s'apaisa soudainement, et, quand Édouard monta l'escalier, mon visage avait déjà repris le sourire de bon accueil avec lequel j'avais l'habitude de saluer son retour.

J'allai au-devant de lui pour le débarrasser de son chapeau, et je fus un peu étonnée en voyant qu'il n'avait pas remarqué mon changement de costume.

— Votre servante, monsieur Édouard, lui dis-je en m'inclinant devant lui et en lui faisant une révérence à la mode de mon pays ; et j'ajoutai avec l'accent de ma campagne : Voici une lettre pour vous.

— Tiens, c'est toi, Mariette? me répondit-il d'un air soucieux en décachetant la lettre que j'avais reçue pendant son absence.

— Appelle-moi Marianne, lui dis-je, pour aujourd'hui cela me fera plaisir.

— Quelle est cette fantaisie? continua Édouard en froissant la lettre qu'il venait de lire; et, s'étant alors aperçu de mon costume, il ajouta : Que signifie cette mascarade? Sommes-nous en carnaval? Tu ne regardes donc pas l'almanach?

— C'est toi, au contraire, qui ne le regardes pas, lui répondis-je ; sans quoi, tu saurais quel jour nous sommes : c'est une fête pour nous; c'est le 15 juin. Il y a un an aujourd'hui que tu m'as appelée Mariette pour la première fois, et que tu m'as fait quitter ce costume pour me faire mettre ma première robe de soie. Comprends-tu maintenant, et te rappelles-tu ?

— Tu n'avais pas besoin de te mettre en Javotte pour m'apprendre quel jour du calendrier nous sommes. Je le savais bien.

— Tu le savais, vraiment ? m'écriai-je, tu avais pensé à cet anniversaire ?

— Ah ! me répondit-il brusquement, je ne suis pas en train de faire du sentiment. Je l'ai su par une assignation au tribunal de commerce, que j'ai trouvée à mon logement de Paris ; je l'ai su par cette lettre, qui me menace de nouvelles poursuites.

— Mais pourquoi ?

— Je te conseille de le demander, s'écria Édouard avec emportement. Ne portes-tu point des robes dont le prix égale ma pension d'un mois, et le bijou qui entoure ton bras n'est-il pas à lui seul plus riche que le modeste écrin de mes sœurs, qui sont pourtant d'honnêtes filles !

— Eh bien ! et moi que suis-je donc ? m'écriai-je, indignée par cet odieux reproche, mêlé à cette injure indirecte.

— Parbleu ! répondit Édouard, tu es ma maîtresse peut-être !

— *Peut-être* est le mot, car je n'en suis pas sûre.

— Est-ce que tu es folle aujourd'hui ?

— Non pas, au contraire, j'ai toute ma raison, et n'ai plus que ma raison, car mon cœur est mort, us venez de lui porter le dernier coup. Je ne suis plus Marianne, je ne suis plus que Mariette, et prenez garde à vous.

— Que veut dire ce ton de menace? explique-toi enfin! s'écria Édouard. Je ne te comprends pas.

— Je vais me faire comprendre, et ce ne sera pas long, m'écriai-je. Oui, je suis votre maîtresse, et j'en ai honte, non point parce que j'ai un amant, mais parce que mon amant est un menteur, un hypocrite, un lâche!

— Mariette! dit Édouard en faisant un pas.

— Un lâche! je le répète et je le prouve. Ce que vous venez de me dire tout à l'heure est une lâcheté. Vous n'avez point le courage de supporter la mauvaise humeur où vous jette le mauvais état de vos affaires, et vous vous débarrassez sur moi de cette mauvaise humeur en me donnant à comprendre que je suis la cause des embarras que j'avais prévus, et qu'à toute force je voulais éviter. Malgré moi, vous avez fait des dettes, et vous venez me les reprocher; malgré moi, vous m'avez fait une vie de prodigalités, et vous venez me la reprocher. Ne demandant de vous que vous-même, j'ai voulu être laborieuse, vous ne l'avez poin voulu ; vous m'avez empêchée d'être une ouvrière, parce que cela vous eût fait rougir, parce que mon labeur eût fait la honte de votre oisiveté, et aujourd'hui vous venez me reprocher d'avoir été à votre charge, et vous me faites rougir en me jetant comme un outrage le titre de votre maîtresse ! Dites donc que ce n'est pas une lâcheté ! dites-le donc ! Et vous le direz, ajoutai-je sans lui donner le temps de m'interrompre, vous le direz pourtant, parce que vous ne pouvez pas rester un seul instant sans mentir.

— Mariette ! Mariette ! s'écria Édouard, effrayé de ma vivacité ; écoute-moi. Quand on accuse les gens, on leur permet de se défendre au moins. Laisse-moi parler. Tu as raison, j'ai eu tort tout à l'heure en te parlant ainsi. Ces menaces de poursuites m'ont inquiété ; j'ai peur qu'on n'écrive à ma famille, que mon père ne se fâche, qu'il ne me rappelle près de lui. Il faudrait te quitter alors : c'est tout cela qui m'a inquiété. Tu as raison, je manque de courage pour les petits embarras de la vie. Pauvre fille ! tu l'avais bien prévu : si je t'avais écoutée, je n'en serais point là ; mais, après tout, je ne regrette rien, tu as été belle. Eh bien ! voyons, en supposant même qu'il y ait eu de ma part un peu d'égoïsme à te vouloir parée, à te voir admirée, c'est vrai, mon orgueil y trouvait son compte ; mais cet égoïsme-la, n'est-ce pas naturel au fond? n'y avait-il point de l'amour dans ce sentiment de vanité? et suis-je impardonnable pour t'avoir aimée?

— Oui, vous êtes impardonnable, parce que vous mentez encore en ce moment même, parce que tout ce que vous dites là est faux!

— Comment! tu doutes que je t'aie aimée, que je t'aime?

— Non, je ne doute plus, car je suis sûre du contraire.

— Mais que se passe-t-il donc? s'écria Édouard. Il est impossible qu'un mot de dépit échappé dans un moment d'ennui ait suffi pour te changer ainsi. Que se passe-t-il, encore une fois? que t'ai-je fait? Explique-toi plus clairement. Quelle est cette énigme?

— Une énigme! répliquai-je. Oui, c'est une énigme, et j'en ai deviné le mot aujourd'hui.

— Eh bien! ce mot, quel est-il? Dis-le-moi.

— Je ne vous le dirai pas, Édouard; je vous le chanterai.

— Mariette, ne plaisantons pas.

— Ah! je ne plaisante pas, continuai-je en allant m'asseoir au piano. Je vous le chanterai sur un air que vous aimez à entendre. Vous plaît-il que j'éteigne ces lumières? lui demandai-je avec ironie, et je frappai les premiers accords de la mélodie des *Adieux*.

— Pourquoi? que veux-tu dire? balbutia Édouard. Ferme ce piano ; cesse cette comédie.

— Chacun son tour, lui dis-je en continuant mon prélude. Il me plaît à moi de jouer la comédie, et vous allez voir que j'ai perfectionné mon rôle.

— Assez Mariette! assez! s'écria Édouard.

— Vous m'entendrez, lui dis-je et pour la dernière fois, car

> Voici l'instant suprême,
> L'instant de nos adieux...

— Mariette! sécria Édouard en s'approchant de moi; Mariette, qui t'a appris cette chanson?

— Que vous importe? Allons donc, soyez mieux en scène, et n'oubliez pas votre réplique.

Et je recommençai à chanter le couplet de la romance de Schubert :

> Voici l'instant suprême.
> L'instant de nos adieux.....

— Mariette, murmura Édouard en cherchant à s'emparer de mes mains, comment sais-tu?... Parle-moi donc... Tu me fais mourir.

— Et moi, lui dis-je, je n'existais que par mon
our, et mon amour est mort.

> La mort est une amie
> Qui rend la liberté.....

— Mariette!... Marianne!
— Marianne n'est plus.

> Adieu donc pour la vie.....

continuai-je à chanter en me levant et en me dressant devant Édouard, qui se traînait à mes pieds.

— Mariette!... Mariette! s'écria-t-il, et je l'entendis pleurer.

> Adieu donc pour la vie....
> Et dans l'éternité.

— Madame G... vous chantera le reste, ajoutai-je en allant m'asseoir dans un coin de la chambre.

Édouard vint m'y rejoindre, et me dit, en prenant dans ses mains, que je sentis trembler, mes deux mains que je lui abandonnai :

— Voyons, Marianne, écoute-moi; laisse-moi te parler, laisse-moi t'expliquer... Ah! vois-tu, il y a d'étranges choses dans l'amour! Je vais tout te dire. Tu me comprendras, tu as de l'esprit; mais crois bien ce que je vais te dire.

—Si vous voulez que je vous croie, Édouard, dites-moi le contraire de ce que vous pensez.

— Si tu savais ce que je souffre! me dit-il en posant ma main sur son cœur.

— C'est votre égoïsme qui souffre, lui répondis-je, et non votre cœur. Vous avez deviné quelle était ma résolution; mais ce n'est point moi que vous regretterez quand je serai partie, car moi je n'ai jamais été rien pour vous. Ce qui vous épouvante et vous fait souffrir, c'est de perdre une seconde fois, en me perdant, votre ancienne maîtresse, c'est de voir s'enfuir l'ombre qui vous rappelait une réalité, et dans le moment où vous vous traînez à mes pieds, c'est à ses pieds que vous êtes, et c'est elle que supplie votre désespoir.

— Est-ce vrai ce que tu me dis là? reprit Édouard en m'entourant de ses bras et en essayant de m'embrasser; est-ce bien vrai? Tu vas me quitter, tu peux avoir aussi tranquillement la pensée de m'abandonner comme cela tout d'un coup?...

— Moi, je n'ai jamais menti : je vous ai dit que je ne vous aimais plus; c'est la vérité. Marianne qui vous a tant aimé est morte, et c'est à peine si Mariette a encore une larme pour la pleurer. La fille qui n'avait que du cœur vous aurait tout pardonné; la femme que vous voyez devant vous, et qui n'a plus que sa raison, est impitoyable, parce qu'elle sait que votre douleur est une hypocrisie. Vous pouvez vous rouler à mes pieds, vous pouvez m'embrasser et me dire tout ce que vous voudrez; je ne vous crois pas et ne vous entends pas. Ah! vous êtes un singulier Pygmalion, tenez! Vous aviez une femme qui vous aimait de toute son âme, dont le dévouement aveugle aurait suivi vos caprices jusqu'où vous auriez voulu les conduire : de cette créature vivante, vous avez fait un objet d'art; vous avez réglé les mouvements de son cœur comme on règle une horloge; vous lui avez dit : A telle heure tu seras gaie, à telle heure tu seras triste; vous avez noté sa voix sur le rhythme d'une autre voix; vous avez forcé son visage à prendre un sourire qui n'était pas le sien; vous lui avez brisé le cœur, vous l'avez pétrifiée dans les propres larmes de sa douleur. Aujourd'hui, cet être vivant est une créature de marbre, insensible, sourde et froide comme une statue; elle n'a plus d'humain que le mouvement; elle n'est plus elle-même, elle n'est que son apparence; toutes vos supplications sont inutiles : autant vaudrait essayer d'attendrir la Psyché qui est dans ce jardin.

— Eh bien! Mariette, reprit Édouard en se calmant un peu, tu ne peux pas me pardonner maintenant?

— Ni maintenant, ni jamais.

—Pourquoi préjuger de l'avenir? Tu as beau dire, c'est moins ton amour qui souffre que ton amour-propre, atteint cruellement par ce que tu as appris. Tu es femme après tout, ou plutôt avant tout; c'est ton orgueil blessé qui se plaint dans ces emportements. Ah! je connais ces douleurs cruelles, et je les ai éprouvées, moi qui te parle; mais tôt ou tard souffre soi-même de ne plus sentir dans son âme qu'un vide sonore où se lamente le regret du bonheur passé. Lorsqu'on fait de son cœur une prison dans laquelle on renferme la rancune et la haine, le cachot lui-même s'émeut et s'attriste des cris sinistres et des malédictions que poussent ces prisonniers; et quand on souffre de sa propre haine, on n'est pas loin de regretter le temps où l'on ne souffrait que de son amour. Peu à peu, moitié appelés, moitié venus d'eux-mêmes, les souvenirs de l'amour qu'on a chassé apparaissent lentement dans la rêverie; malgré tout ce qu'on a dit, malgré tous les serments de l'orgueil en révolte, on fait un pas en avant pour mieux voir les fantômes jadis adorés; on les repousse de l'esprit, on les attire du cœur; ils vous disent oubli, et vous leur répondez pardon.

— Ce mot-là ne sortira jamais de ma bouche, répondis-je froidement.

— Si tu savais, reprit Édouard, combien je t'aime! Il me semble qu'un bandeau tombe de mes yeux. Oui, j'ai été lâche et ingrat, vaniteux et sot; mais comme l'avenir expierait le passé... si tu connaissais tous mes projets !... D'abord je renoncerais à la vie que nous avons menée jusqu'ici. Puisque tu désires travailler, tu apprendrais un état, et ta vigilance serait un éperon qui activerait mon propre travail.

— Je n'ai plus les mêmes idées, Édouard; j'ai horreur des grisettes. Je ne veux être ni une aiguille ni une paire de ciseaux. Je suis Mariette la bonne-à-rien-faire, et mes mains n'auront jamais d'autre occupation que de ressembler à des lis.

— Je vais être forcé de mener une vie plus simple et plus réglée, reprit Édouard; je restreindrai mes dépenses. Tu t'habilleras à ta guise, avec ces robes modestes qui te faisaient tant envie, quand tu les voyais aux étalages.

— Regardez-moi donc, lui dis-je en me dressant devant lui dans une pose de théâtre, et croyez-vous que je ferais à ma beauté l'affront du guingan et de l'indienne bonnes pour les femmes de chambre et les *Jenny l'ouvrière* qui se contentent de peu? Je sens maintenant que c'est à peine si je me contenterais de trop. Vous m'avez donné le goût du luxe, et j'entends ne pas changer mes habitudes. De quoi semblez-vous étonné? ajoutai-je : si je suis ainsi, c'est votre ouvrage ; soyez-en fier. Et d'ailleurs, est-ce que je crois à vos bonnes résolutions? Elles fondraient demain, comme la neige au soleil, sous le balcon de madame G....

—Ah ! cette femme ! murmura Édouard avec amertume, en tout temps elle sera donc le malheur de ma vie? Mariette, je t'en supplie, ne parle pas ainsi.... Écoute-moi... je t'aime !

— Mais, ce matin, vous étiez sous ses fenêtres... Vous ne l'aimez donc plus?

— Non, je ne l'aime plus, ni ce matin, ni depuis longtemps. Ma conduite est inexplicable, je le sais; mais c'est pourtant vrai ce que je te dis... c'est pourtant bien vrai, ajouta-t-il avec un accent si désolé, que je ne pus m'empêcher d'en être émue.

— Vous ne l'aimez plus ; mais qui aimez-vous donc alors? Il faudrait s'entendre.

—Mais c'est toi, fit Édouard, c'est toi seule.... Ne t'en va pas... tu verras... Nous retournerons dans notre hôtel, tu sais, là-bas, où tu es venue pour la première fois... Mariette, ne t'en va pas... dis que tu vas rester.

— Est-ce bien votre cœur qui parle cette fois?

— Mais écoute-le donc. — Et il prit ma main qu'il mit sur sa poitrine.

— J'ai vu au théâtre des acteurs dont le cœur battait très-bien : c'était une émotion factice empruntée aux accessoires avec le rouge et le blanc.

— Mais comment faire pour te convaincre ? Indique-moi un moyen.

— Écoutez, lui dis-je, j'ai un moyen pour m'assurer si vous êtes sincère en ce moment où, vous paraissez l'être tellement que mon insensibilité m'abandonne. Pour une minute, je vais redevenir ce que j'étais, profitez-en.

— Parle... parle vite... Que faut-il faire ? s'écria Édouard.

— Vous dites que vous m'aimez et que vous n'aimez plus madame G...?

— Oui, je le dis à toi comme je le dirais à elle.

— A elle... vous lui diriez cela ?... Mais si elle vous aimait encore... Vous pâlissez, Édouard.

— Moi ! dit-il en me regardant avec étonnement. Mais pourquoi faire cette supposition ?

— Si la chose était vraie, que serait-ce donc, puisque la supposition seule vous cause tant d'émotion ?

—Mariette, il ne s'agit pas de madame G...; il s'agit de nous, de notre bonheur. Que voulais-tu dire tout à l'heure ? quelle est cette expérience que tu voulais tenter ?

— Je l'ai commencée, Édouard, lui répondis-je.

Il me regarda un instant avec ce coup d'œil qui cherche à pénétrer la pensée. — Je t'assure que je ne comprends pas, me dit-il après un moment de silence.

— Laissez-moi finir. Vous êtes bien sûr, dites-vous, que votre passion pour cette personne est complétement éteinte ? Et si des circonstances que vous ne soupçonnez pas amenaient entre elle et vous la possibilité d'une réconciliation ? si vous étiez placé vis-à-vis de cette femme dans la même situation où vous étiez avant de me connaître, entre elle et moi, ce serait moi que vous choisiriez, dites-vous, parce que c'est moi que vous aimez, et que madame G... vous est indifférente ? Vous êtes bien sûr de cela ? C'est ce que vous venez de dire ; est-ce bien aussi ce que dirait votre cœur ?

— Oui, répondit Édouard.

—Eh bien ! alors, sachez donc la vérité ; et moi, je vais la savoir aussi, ajoutai-je en le regardant attentivement. Il y a un an, quand vous avez été blessé, madame G... ne vous avait pas oublié ; elle vous aimait encore. En recevant la lettre que vous lui aviez adressée, et qui ne lui est parvenue qu'un peu tard, elle est accourue.

— Non, interrompit Édouard, elle m'a laissé dans le plus cruel abandon ; elle n'a même point écrit.

— C'est moi qui vous ai trompé. Elle est venue, attirée autant par son amour que par sa pitié. Je connaissais votre amour pour elle, qui était chaque jour le martyre de celui que j'avais déjà pour vous. Elle est venue ; j'ai deviné sur-le-champ qui elle était, et j'ai compris ce qu'elle venait faire chez vous. Elle venait prendre à votre chevet la place que j'occupais depuis quinze jours, ma vie suspendue à un souffle de la vôtre. Je n'ai point voulu que ce fût elle que votre premier regard rencontrât, et, pour porter le dernier coup à son amour renaissant, je l'ai renvoyée avec un seul mot : je lui ai dit que j'étais votre maîtresse.

— Elle l'a cru ! s'écria Édouard.

— Elle a cru ce qu'elle avait déjà deviné en voyant briller à mon doigt la bague qui jadis avait été la sienne, et que vous m'aviez donnée lorsque, dans votre délire, vous me preniez pour elle. Quand vous êtes revenu à la raison, votre premier cri a été pour elle ; mais déjà elle était perdue pour vous : je vous avais à tout jamais séparés l'un de l'autre, car elle n'a pu vous pardonner de l'avoir appelée à votre chevet pour qu'elle s'y rencontrât avec une rivale aussi indigne d'elle, et vous ne pouviez lui pardonner l'abandon où vous supposiez qu'elle vous avait laissé quand vous étiez en danger de mort.

—Malheureuse! s'écria Édouard, l'œil plein d'éclairs.

— Ah! m'écriai-je à mon tour, aussi terrible et aussi menaçante que lui, vous voyez bien que vous mentiez tout à l'heure; vous voyez bien que c'est elle que vous aimez encore, que vous aimerez toujours!

— Oui, c'est elle, ce n'a jamais été qu'elle, et toujours ce sera elle!

— Non, Édouard, celle que vous aimez maintenant, c'est moi; c'est moi que vous aimerez demain. Cette fureur même, qui en effrayerait une autre que moi, c'est la plus franche déclaration d'amour que vous m'ayez faite. Vous m'aimez, parce que vous êtes ainsi fait, que vous voulez avoir ce qui ne veut pas de vous, que vous courez après ce qui vous fuit. Les amours faits de haine sont les plus tenaces, et c'est un de ceux-là que vous avez pour moi.

—Je ne t'ai jamais aimée, jamais, entends-tu bien? Tu avais raison tout à l'heure. Non, tu n'étais pas ma maîtresse ; tu n'as été que la servante de ma fantaisie, que le jouet de mon caprice. Paroles ou baisers, ma bouche t'a toujours menti. Sache-le donc de moi-même, et que ce soit ton châtiment !

— Au temps où je vous aimais, une seule de ces paroles m'eût tuée, lui dis-je ; mais maintenant que voulez-vous que cela me fasse? Je ne sens plus rien, ajoutai-je en frappant sur mon cœur. Là est mon amour que vous avez tué, et, pas plus que vos supplications, vos injures ne sauraient émouvoir le mort ou le tombeau.

— Va-t'en, me dit Édouard d'une voix étouffée, va-t'en.

— Oui, je m'en vais, lui répondis-je ; je m'en vais sous les pauvres habits dont j'étais vêtue quand ma destinée a voulu que je vinsse placer entre vous et la mort qui vous menaçait ma pitié, qui devait être de l'amour ; mais je n'aurai point fait un pas hors de cette maison, que votre pensée s'élancera sur ma trace. Où est-elle? que fait-elle? vous écrierez-vous en mordant vos poings avec rage, et ces deux jalouses interrogations deviendront le supplice de votre insomnie. C'est à compter de cette heure seulement que votre amour pour moi commence, et toutes les souffrances que le mien a endurées, vous allez les connaître à votre tour. Pour vous désormais je suis morte et perdue. Morte et perdue, en effet, à la tendresse sincère et aux charmantes délicatesses de l'amour dévoué ; mais aussi née, de cette heure où je vous quitte, à l'existence vagabonde qui m'effrayait tant jadis, et que tous mes désirs éveillés par vous convoitent aujourd'hui, résolue à tout, prête à tout, armée par vos déplorables maximes contre toutes les tentations de ce qui est honnête et bon, déchue et avilie, mais fière de l'opprobre qui sera devenu mon seul patrimoine, et chaque jour étalant en spectacle à votre désolation l'insolente ironie de mes prospérités et l'inconstance de mes amours, dont votre jalousie saura le compte mieux que moi. Ah ! Édouard, Édouard ! comme je serai cruellement vengée de tout le mal que vous m'avez fait par le mal que vous vous ferez vous-même, et comme vous allez souffrir, resté seul au milieu de vos regrets inutiles !

— Va-t'en, va-t'en ! s'écria Édouard, qui se leva en faisant un geste de menace.

— Adieu donc, lui répliquai-je en le regardant en face ; dans huit jours, vous serez à mes pieds.

En racontant à Claude les douloureux accidents de sa liaison avec Édouard, Marianne Duclos avait en quelque sorte révélé au neveu du curé Bertolin le secret de toute sa vie. Les aveux qu'elle venait de faire montraient assez ce qui se cachait de larmes et d'angoisses secrètes sous l'insensibilité apparente de la jeune fille. Connaissant les causes de la transformation qui s'était opérée chez Marianne, Claude pouvait encore la juger sévèrement, la condamner peut-être, mais non la mépriser. C'est contre ce mépris d'une âme honnête que Marianne avait voulu se défendre par une confession sincère et courageuse. Arrivée cependant aux derniers, aux plus tristes souvenirs de sa vie, elle sentit la force lui manquer. Elle aurait voulu jeter un voile sur les années de vertige qui avaient suivi sa rupture avec Édouard ; mais elle comprit qu'elle devait à Claude une franchise entière, et, après un assez long silence, elle reprit d'une voix ferme le récit interrompu.

Une heure après avoir quitté Bellevue, Mariette descendait à Paris, chez une jeune femme de sa connaissance. Elle quitta ses habits de paysanne pour prendre des vêtements de ville, et pria son amie de l'accompagner au bal : elle avait besoin de bruit et de distraction. A peine entrée dans le bal, sa présence et la nouvelle de sa rupture, qui s'était déjà répandue, attirèrent autour d'elle un grand nombre de jeunes gens. Parmi eux, elle retrouva l'étudiant ami d'Édouard, et leur voisin à l'époque où ils avaient habité le quartier latin.

— Eh bien ! c'est donc vrai la nouvelle? lui dit-il en abordant la jeune fille.

— C'est fini, lui répondit Mariette. Et elle lui raconta tout ce qui s'était passé entre Édouard et elle.

— Eh bien ! qu'allez-vous faire maintenant? — Est-ce que vous comptez rester longtemps veuve?

— Ah! que non pas! répondit Mariette; et elle ajouta, en lui désignant l'orchestre : — Tenez, voici les violons de mes noces.

— Comment! déjà! — sitôt! Marianne, fit l'étudiant avec un accent étonné. Et le futur?...

— Le futur, répondit-elle sur le même ton de légèreté, — mais il doit être quelque part, — par ici.

— Qui est-ce? — sans indiscrétion.

— Ma foi! je n'en sais rien encore. — J'ai l'embarras du choix; — et vous devriez m'aider à fixer le mien.

— Mais, répondit l'étudiant en riant beaucoup, — puisqu'il en est ainsi, Marianne, — je me porte candidat, — et je me choisis moi-même.

— Oh! non, dit-elle sérieusement, — pas vous.

— Mais pourquoi pas moi? insista le jeune homme. — Tenez, Marianne, je ne vous en ai jamais rien dit, parce qu'Édouard était mon ami ; — mais, là, bien vrai, j'ai toujours eu du goût pour vous, — un goût sérieux, Marianne, quelque chose qui était plus qu'un caprice. — Je me suis fait maintes fois violence pour me taire. — Mais, aujourd'hui que vous voilà libre, si vous le vouliez.... je n'aurais qu'à remettre un instant mon amour sur le feu, — il ne serait pas long à bouillir. — Passez-moi ce style de romance ; — mais vous êtes la femme que j'ai rêvée, et je suis sûr que je vous aimerai de tout mon cœur.

— C'est justement parce que j'en suis sûre aussi, mon ami, lui répondit Mariette, que je refuse.

— Est-ce parce que j'ai été l'ami d'Édouard ?

— Non, lui répondit-elle : l'amour que vous m'offrez, je ne pourrais vous le rendre. — Vous êtes un de ces amoureux de ballade allemande qui aiment à cueillir des myosotis au bord des fontaines, une espèce de Werther du quartier du Luxembourg, dont l'amour égoïste et jaloux voudrait posséder à lui seul le cœur de sa Charlotte. — Mon cœur à moi bat maintenant dans le corset de Frétillon.—Vous ouvrez de grands yeux, et vous semblez douter si c'est bien Marianne qui vous parle ainsi. C'est elle, en effet.— Seulement la rustique élégie que vous avez jadis entendue soupirer l'amour, le chante aujourd'hui dans une gaudriole joyeuse. Et, avec un cynisme qu'elle était encore au fond bien loin d'avoir, Mariette montra du doigt les femmes qui se trouvaient là, et répondit : Je ferai comme les autres !

—Est-ce bien vrai ce que vous dites là ? fit le jeune homme. Est-ce bien vous que j'entends parler ainsi ?

— Que voulez-vous ? répondit Mariette tristement,

je suis maintenant pareille à toutes les femmes qui sont ici. Elles ont peut-être souffert comme moi, et sont venues demander au plaisir l'oubli de leurs tourments. Je ferai comme elles.

— Ah! Marianne, reprit l'étudiant, réfléchissez bien avant de vous jeter dans l'abîme, et mesurez-en toute la profondeur. Avez-vous pu réellement songer au suicide volontaire de tous les instincts honnêtes qui existent en vous? Je ne puis le croire. Écoutez-moi donc. Vous vous calomniez en vous disant pareille aux créatures qui nous entourent. Ne vous fiez pas non plus à leur insouciance apparente : cette animation, ces rires que vous prenez pour de la gaieté, tout cela est faux. Parce que vous les voyez bondir sous les lustres comme les phalènes qui voltigent autour des lampes nocturnes, vous pensez qu'elles s'amusent : elles travaillent, les malheureuses! car pour elles le plaisir est devenu une nécessité d'existence. Parmi ces femmes, il en est qui ont déjà vu tomber dix fois les feuilles des arbres sous lesquels elles se promènent, et il n'en est pas une seule qui ose sans frémir songer au lendemain. Depuis longtemps il n'y a plus en elles aucun sentiment qui soit resté vulnérable à une émotion sincère : elles ne se donnent même plus, — elles se laissent prendre. La nécessité, qui est l'entremetteuse de la débauche, a jeté les unes dans cette voie, où elles mourront, ne laissant d'elles, après elles, que leur nom inscrit sur un registre infâme ; la coquetterie y attira les autres. Quant à ces jeunes gens, vous ne les connaissez pas encore assez. Moi, qui ai vécu parmi eux, j'ai pu apprécier la précoce caducité de leur jeunesse ; et c'est un spectacle navrant, je vous jure, que de les voir et de les entendre employer le peu d'esprit qu'ils ont à calomnier le peu de cœur qui leur reste ; car la corruption est tellement active parmi eux, que les plus jeunes ont à peine touché le pavé de ce quartier, qu'ils rivalisent avec les vétérans de débauche. Chez les hommes comme chez les femmes, le cynisme est devenu le principal moyen de séduction, et l'adolescent dont le visage est encore mouillé par les pleurs de l'adieu maternel parle d'amour dans un langage qui souvent même fait monter le rouge au front pour qui la honte n'a plus de rougeur. Et c'est à eux que vous songez à abandonner votre jeunesse ! Oh ! Marianne ! Marianne !...

— Ma vengeance n'existera, répondit Marianne, que le jour où Édouard me verra devenue aussi banale que cette femme qui danse là-bas, et autour de qui s'amasse un cercle d'admirateurs. Avant un mois, je veux que ma renommée efface la sienne, et que mon portrait s'étale aux vitres des marchands d'estampes. Pourquoi me plaindre? Après tout, cette destinée n'a rien qui m'effraye. J'ai dans mon jeu les meilleurs atouts qu'une femme puisse désirer pour réussir : la jeunesse, l'esprit et la beauté. Je suis mûre pour le plaisir, et d'ailleurs la philosophie épicurienne qui prend pour devise : « Courte et bonne ! » a bien son charme, et dès aujourd'hui je l'adopte.

— Marianne, lui dit l'étudiant en lui serrant la main, vous aimez encore Édouard. Avant de mettre à exécution un projet de vengeance dont vous seriez la seule victime, attendez.

Mariette ne lui répondit pas et le laissa s'éloigner; mais ces paroles la firent réfléchir. A la fin du bal, elle se retira seule avec son amie, qui lui avait offert l'hospitalité pour quelques jours. La nuit qu'elle passa fut horrible. Une secrète pensée lui faisait néanmoins supporter sa douleur avec une joie égoïste, car au milieu de son insomnie elle croyait voir Édouard en proie aux angoisses qu'elle lui avait prédites. Elle s'endormit enfin avec l'espérance que, le lendemain, elle aurait de ses nouvelles, ou que peut-être elle le verrait lui-même; mais, le lendemain, cette espérance fut déçue, et pendant quatre ou cinq jours, elle ne le rencontra point, bien qu'elle fréquentât les lieux où il avait l'habitude d'aller. Elle le guetta aux heures des cours à la porte de l'école, et ne le vit ni entrer ni sortir. Un des amis d'Édouard lui apprit enfin que depuis plusieurs jours celui-ci n'était pas même venu à son logement de Paris.

Le silence d'Édouard donnait un démenti aux prédictions de Mariette : il ne songeait plus à elle, il l'avait oubliée! Un grand combat s'engagea alors entre l'orgueil de la jeune fille humiliée par la déception qu'elle subissait et l'amour qui lui restait encore pour Édouard. Un instant elle fut sur le point de retourner auprès de lui, mais elle fut arrêtée par cette idée qu'elle ne le trouverait peut-être pas seul. Elle pensa qu'après sa rupture avec Édouard, celui-ci avait sans doute revu son ancienne maîtresse, et que l'explication qu'il lui aurait donnée avait pu décider madame G... à renouer avec lui. A la supposition que son départ venait d'ouvrir la porte d'Édouard à sa rivale, Mariette sentit se réveiller toutes ses colères, et sa douleur, envenimée par la jalousie, rêva les plans d'une vengeance odieuse. Elle forma le dessein d'acquérir la preuve de ses soupçons, se promettant, s'ils se réalisaient, d'écrire au mari de la maîtresse d'Édouard pour lui apprendre tout ; mais, le soir même du jour où elle avait médité cette vengeance, elle rencontra Édouard au bal. A l'instant où elle y entrait, elle l'aperçut au milieu de trois ou quatre jeunes gens qui parlaient très-haut et avec une grande animation. L'amie de Mariette, qui avait précédé celle-ci au bal, vint à sa rencontre et lui expliqua ce qui se passait. Un jeune homme qui faisait la cour à Mariette depuis le retour de celle-ci au quartier latin avait, devant Édouard qu'il ne connaissait pas, donné à entendre qu'il était le seul favorisé parmi tous ses rivaux, et l'ancien amant de Mariette lui avait répondu par un démenti. La querelle en était là lorsque celle qui en faisait l'objet pénétra dans le groupe. — Qu'y a-t-il ? demanda-t-elle. Et Mariette, en s'efforçant de contenir l'émotion que lui causait la présence d'Édouard, essaya de deviner l'effet que sa vue produisait sur lui.

— Ah ! te voilà, dit le jeune homme ; tu arrives à propos, Mariette. Voici monsieur qui te calomnie, continua-t-il en désignant l'étudiant que l'arrivée de Mariette rendait tout interdit, et qui le fut encore bien davantage quand il vit la jeune fille s'approcher de lui et s'emparer de son bras avec une inquiétude presque tendre. Édouard, que l'action de Mariette avait paru surprendre, reprit en la regardant fixement : — Il prétend que tu es sa maîtresse.

Quand il prononça ces paroles, son air, son accent, son regard plein d'anxiété impatiente qui semblait demander un démenti à Mariette, révélèrent à celle-ci tout ce qui se passait dans le cœur d'Édouard, dont l'amour s'accusait par le douloureux dépit que lui avait causé le mensonge d'un fat. Tout ce que j'ai souffert, pensa-t-elle, il l'a souffert aussi ; dix fois sans doute, depuis notre séparation, il a eu l'idée de revenir à moi ; aux mêmes instants où j'avais espéré son retour, il a espéré me revoir. Toutes ces réflexions furent, pour Mariette, l'affaire d'une seconde ; mais ce peu de temps avait suffi pour achever une métamorphose dans ses sentiments. La démarche que venait de faire Édouard lui indiquait assez que les soupçons qu'elle avait formés quelques jours auparavant n'étaient pas fondés. Édouard n'avait pas revu son ancienne maîtresse. Cette découverte fit sortir la jalousie du cœur de Mariette, et l'orgueil y rentra aussitôt. Ce qu'elle avait prédit à Édouard le jour où elle l'avait quitté se réalisait. En effet, il était en ce moment même presque à ses pieds. Un démenti ajouté par elle à celui qu'il venait de donner lui-même, et il y était tout à fait.

Mariette hésita une seconde. — Si je dis non, pensa la jeune fille, il est évident que je vais retourner avec Edouard. Cette simple syllabe, elle la sentit un moment sur sa bouche; elle entr'ouvrait ses lèvres, elle allait lui échapper; mais la raison prévoyante lui fit comprendre qu'une réconciliation avec Edouard ne pouvait être que passagère, qu'avant peu ils auraient l'un et l'autre à subir la douleur d'une nouvelle rupture, et qu'il valait mieux en finir résolûment. Et d'ailleurs, si elle affirmait le démenti qu'Edouard venait de donner, n'était-ce point lui dire clairement que, n'étant pas à un autre, elle n'avait point cessé d'être à lui? Et cet aveu ne produirait-il pas sur Édouard la même impression qu'elle venait d'éprouver elle-même en découvrant qu'il était resté fidèle à son souvenir? Une dernière fois cependant sa pensée descendit au fond de son cœur pour lui demander la réponse qu'elle devait faire; mais ce fut son amour-propre, enivré de son triomphe, qui la lui dicta. Et comme Édouard lui demandait encore, en désignant le jeune homme dont elle avait pris le bras :

— Est-ce vrai, oui ou non? es-tu sa maîtresse?

— Oui, répondit Mariette tranquillement, en serrant le bras de son cavalier. Une pâleur mortelle se répandit sur le visage d'Édouard.

— C'est vrai? demanda-t-il tout bas à l'oreille de Mariette.

— Ne suis-je donc pas libre? répondit-elle tout haut.

Le jeune homme dont Mariette avait pris le bras vit sans doute une déclaration d'amour dans cette réponse, qui justifiait le mensonge échappé à un moment de fatuité, et, se retournant vers Édouard : — Je pense, monsieur, lui dit-il, que vous allez rétracter ce que vous avez dit.

— Je vous ai donné un démenti, répondit Édouard; je ne reprends jamais ce que j'ai donné.

Mariette entendit le cœur de son cavalier bondir sous cette nouvelle insulte. Il arracha son gant de sa main, et le jeta aux pieds d'Édouard en lui disant : Il y a un soufflet dedans. Des amis s'interposèrent alors entre les deux jeunes gens. On emmena Édouard d'un côté, tandis que son adversaire disparaissait avec Mariette. Celle-ci comprit bien vite qu'une rencontre était devenue inévitable entre les deux jeunes gens, et ce duel, qui était la seule chose à laquelle elle n'eût point songé d'abord, la remplit d'épouvante et la rendit odieuse à elle-même. Le jeune homme qu'elle avait suivi voulut l'emmener souper chez lui avec quelques amis. Après l'aveu qu'elle venait de faire, Mariette ne pouvait refuser de l'accompagner. Il fut très-gai et très-aimable durant tout ce souper, et comme un de ses amis lui avait dit tout bas :

—Écoute, Léonce, sans vouloir t'intimider, je t'engage à faire un tour chez Grisier ou chez Lepage avant de te présenter sur le terrain, si tu dois te battre avec Édouard; on le dit très-adroit...

— C'est égal, répliqua l'étudiant en portant à ses lèvres la main de Mariette; quand le moment sera venu, mon cœur ne battra pas plus fort que maintenant.

Entre les deux adversaires, Édouard avait d'abord été le seul pour qui Mariette eût tremblé ; mais ce qu'elle venait d'entendre dire à propos de son habileté la rassura un peu, et ses craintes se tournèrent alors du côté de l'étudiant, chez qui elle était venue dans la seule pensée de le décider à retirer sa provocation. Ce jeune homme était brave, et elle devina qu'il lui serait impossible de le faire renoncer à un combat dont le résultat pouvait être dangereux pour lui. Ce fut alors qu'elle songea à voir Édouard le soir même ; elle voulait lui avouer le mensonge qu'elle avait fait, et le motif qui l'avait poussée à le faire, à la condition qu'il ne se battrait pas. Aussi, dès que les jeunes gens qui avaient assisté au souper l'eurent laissée seule avec Léonce, Mariette prit son châle et son chapeau, et dit à l'étudiant, qui la regardait faire tout étonné :

— Il est tard, je m'en vais ; vous allez me reconduire.

— Comment ! fit Léonce avec une véritable stupeur ; vous partez ?

— Sans doute. Après ce qui s'est passé au bal, je ne pouvais pas refuser de vous accompagner, devant tous vos amis surtout ; mais vous savez bien que ce que j'ai dit ce soir n'est pas et ne peut être....

— Pourquoi l'avez-vous dit, alors ? interrompit Léonce.

— Je voulais seulement vous tirer de la situation pénible où vous vous étiez mis si légèrement. J'espérais que ma réponse, qui a dû vous surprendre, je le confesse, amènerait une solution pacifique ; le contraire est advenu, je ne saurais vous dire combien j'en suis désolée. Mais rassurez-vous, ajouta Mariette étourdiment, ce duel n'aura pas lieu.

— Que je sois tranquille, Mariette ! s'écria le jeune homme en se redressant ; quel sens donnez-vous à ces paroles ? Entendez-vous dire par là que j'ai peur depuis qu'on m'a présenté mon adversaire comme redoutable, ou lui faites-vous l'injure de supposer qu'il ne relèvera point le gant que je lui ai jeté ? Quel rôle jouez-vous donc dans tout ceci ? Encore une fois, pourquoi désavouez-vous maintenant ce que vous avez dit tantôt ? Dans un moment d'étourderie vaniteuse, s'il m'est échappé devant Édouard un propos qui n'avait aucune intention offensante pour lui, car j'ignorais ses relations avec vous. N'étiez-vous pas un peu la complice de ma légèreté ? le *oui* que vous ne m'aviez pas encore dit entièrement, ne m'aviez-vous pas permis de l'espérer ? et le sourire avec lequel vous aviez accueilli l'aveu de mes sentiments n'était-il point, pour ainsi dire, comme la première lettre de votre consentement ? Cependant, bien qu'un démenti soit chose grave, comme je méritais celui que l'on m'avait donné, me sachant dans mon tort, il m'eût été possible encore de le confesser loyalement, et l'affaire alors aurait pu s'arranger ; mais après m'avoir publiquement donné raison de votre propre mouvement, après que vos paroles, en m'empêchant de revenir sur les miennes, ont amené la provocation que j'ai dû adresser à ce jeune homme, par quel moyen espérez-vous empêcher la rencontre qui doit avoir lieu demain ?

— Quoi ! déjà ? s'écria Mariette ; c'est pour demain ?

— Sans doute, répondit Léonce ; j'ai prié mes témoins de presser l'affaire, et je crois que ceux de M. Édouard seront du même avis.

— Demain ? répéta Mariette, et vous êtes si tranquille pendant qu'on débat à combien de distance vous serez placé de la mort !

— Je ne fais point de vantardise, reprit Léonce. Dans les circonstances où je me trouve, les hommes les plus courageux ne peuvent s'empêcher de ressentir l'émotion qu'on éprouve aux approches de l'inconnu. Toutes les chances sont contre moi, je le sais, et cependant mon duel n'est inscrit dans ma mémoire qu'à l'article *affaires* et non point à celui d'*événements*; l'événement, Mariette, c'était vous. N'attribuez donc pas ma sécurité à un héroïsme que je n'ai pas; je suis très-superstitieux. Par suite d'une longue expérience que j'ai acquise à propos des petites choses comme des grandes, j'accorde une pleine confiance aux pressentiments, et, à l'heure où nous sommes, je n'en ai aucun qui soit de nature à m'effrayer; voilà tout le secret de ma tranquillité.

Comme Mariette partageait la même crédulité au sujet des pressentiments, la déclaration de l'étudiant fit renaître son épouvante, et de nouveau elle se reprit à trembler pour Édouard. — C'est lui qui sera tué, pensa-t-elle.

— Et puis, continua le jeune homme en prenant les mains de la jeune fille dans les siennes, moi qui ne suis coupable d'aucune action méchante et qui jusqu'ici n'ai point été gâté par le bonheur, quand vous m'avez laissé croire un moment que je l'amenais chez moi avec vous, je ne pouvais supposer que le hasard eût préparé tout exprès cette sanglante ironie de m'arracher si tôt de vos bras pour me placer en face d'un danger mortel.

— Mais, répondit Mariette avec vivacité, ne sera-ce point plutôt l'autre personne qui va courir ce danger? Quelle que soit son adresse, les armes ne seront point égales entre elle et vous. Cette prescience de l'avenir que vous dites posséder à un aussi haut degré, et qui vous donne tant de sécurité en ce moment même, est pour vous comme un talisman, et j'en appelle à votre loyauté, est-ce un combat véritablement loyal que celui où l'un des deux adversaires arrive en face de l'autre cuirassé par la certitude de sa victoire?

— Oh! oh! interrompit le jeune homme en riant doucement! Ceci n'a pas été prévu par les tribunaux d'honneur. Vous êtes un casuiste trop subtil, Mariette; mais je devine où vous tendez avec toutes ces finesses.

—Que devinez-vous? Est-ce encore un pressentiment? lui demanda Mariette en riant aussi.

— C'en est un, et vous allez savoir jusqu'à quel point il dit vrai, reprit-il en la regardant de manière à lui faire presque baisser les yeux. Toute votre singulière conduite avec moi commence à m'être expliquée. Je comprends maintenant votre tristesse pendant le souper et votre brusque idée de départ dans un moment où la femme qui se trouve chez l'homme qu'elle a avoué pour son amant ne songe point ordinairement à s'éloigner. — Et en effet, comme s'il avait pu lire couramment dans sa pensée et dans son cœur, il fit à Mariette le tableau exact de tous les sentiments divers qui l'avaient agitée pendant la scène du bal et depuis qu'elle était chez lui. — Vous avez voulu, lui dit-il, vous servir de moi dans une comédie; mais vous n'avez point été maîtresse des événements, et vous avez peur à présent du tragique dénoûment qui menace de rougir votre pastiche du *Dépit amoureux.* — Est-ce vrai, cela? continua-t-il avec animation et sans colère pourtant. Oui, n'est-ce pas? car votre sein s'agite, et vous tremblez à l'idée de ce qui peut arriver demain, et, depuis que vous êtes entrée ici, vous n'avez point songé à autre chose qu'à trouver le moyen d'empêcher un duel que vous croyez dangereux pour celui que vous aimez ; mais, je vous le répète, vous nous avez placés vous-même dans une situation où il est impossible à lui comme à moi de reculer. Cependant, Mariette, vous qui tout à l'heure me conseilliez la tranquillité, soyez plus tranquille vous-même. Ne vous alarmez pas outre mesure à cause de ma sécurité, n'y voyez pas un pronostic fâcheux pour le sort réservé à mon adversaire, et rappelez-vous que, si les chances doivent être inégales, ce ne sera pas à mon avantage. Et puis tous les duels ne font pas porter le deuil : M. Édouard n'est pas un spadassin, et devant un homme qui n'est qu'un adversaire et pas un ennemi, il n'aura peut-être pas l'adresse qu'il faut avoir devant un plastron d'escrime ou devant la plaque d'un tir. Quant à moi, je suis complétement inoffensif. Rassurez-vous donc, vous reverrez Édouard, et, si vous l'aimez ....

Toutes ces paroles n'avaient aucunement rassuré Mariette ; son inquiétude était toujours partagée entre les deux adversaires, mais inégalement peut-être, car à son insu c'était maintenant pour l'étudiant qu'elle tremblait le plus ; elle éprouvait un commencement de sympathie pour ce jeune homme en le voyant traiter avec tant de douceur une femme qui avait fait de lui le jouet de sa coquetterie, et s'efforcer de la consoler, au lieu de l'accabler des reproches qu'elle méritait. Après l'avoir d'abord inquiétée et embarrassée, il la charmait presque par sa conduite retenue, par les délicatesses de son langage. — Singulière influence que le romanesque exerce sur le caprice féminin ! Elle commençait à s'en vouloir de n'avoir pas apprécié plus tôt sa sensibilité et toutes les qualités séductrices qu'elle venait de découvrir en lui. Après lui avoir pardonné le mensonge dont les suites la jetaient dans la perplexité, elle lui en voulut presque à lui-même en le voyant renoncer si vite à l'espoir d'en faire une vérité. Mariette savait bien que la passion de Léonce pour elle n'avait point de profondes racines, que la déception qu'elle lui faisait subir était plutôt une contrariété qu'un chagrin bien vif, et cependant sa vanité s'irritait un peu de la prompte obéissance avec laquelle il lui tenait sa porte ouverte; elle aurait souhaité le voir moins calme; elle aurait voulu, dans cet instant où elle se tenait près de la porte, qu'il se fît un droit de sa présence chez lui, et qu'il lui eût fourni un prétexte à revenir sur ses idées de départ, ou du moins à paraître les oublier.

—Eh bien, Mariette, demanda l'étudiant après un moment de silence, vous ne m'avez pas répondu, vous n'avez point dit *non* à ce que je vous ai dit tout à l'heure.

— A quoi?

— Allons, continua Léonce, voilà qui prouve alors la vérité de ce que je vous disais : vous êtes ici, mais votre pensée est ailleurs. Allez donc, Mariette; je ne vous retiens plus.

— Vous ne m'accompagnez pas? lui dit-elle d'un ton un peu dépité.

— Que je vous accompagne où vous voulez aller? s'écria-t-il avec un commencement de colère dont Mariette lui sut gré; c'est trop de raillerie à la fin ! Prenez garde que je ne me repente, Marianne ! Vous êtes venue ici librement, et, comme toute contrainte me répugne, vous en sortirez de même. Si mes amis le savaient, je serais la fable du quartier; mais ménagez-moi aussi, et ne me demandez pas une chose ridicule.

— Quel ridicule voyez-vous à me reconduire chez moi? Votre refus n'est qu'une manière de me forcer à rester; car vous pensez bien que je n'irai pas seule dans les rues à cette heure-ci.

— Ah çà, Marianne, demanda l'étudiant, quel quiproquo jouons-nous? Êtes-vous une femme ou un sphinx, décidément? Tout à l'heure je vous ai demandé si vous aimiez encore Édouard ; votre silence était une affirmation : c'est ce qui m'a décidé à ne point vous retenir. Vous voyant si inquiète et si pressée de me quitter, j'ai dû nécessairement présumer que c'était chez lui que vous désiriez aller, et voilà pourquoi j'ai refusé de vous conduire. Cette demande, d'ailleurs, était une ironie : n'étiez-vous pas toute rendue ?

— A votre tour, expliquez-vous. Je ne comprends pas ce que vous voulez me dire ; je ne songe pas à aller chez la personne dont vous parlez, dit Mariette.

— Vous n'y songez pas ?

— Je n'y songe plus, au moins. Mais que signifient ces paroles : N'êtes-vous pas rendue ?

— Est-ce vrai que vous ignoriez cela ? fit l'étudiant. Voyez donc vous-même, ajouta-t-il en lui faisant lire un papier resté sur la table.

— Qu'est-ce que cela ?

— L'adresse que M. Édouard a donnée à mes témoins, et que l'un d'eux a oubliée ici.

Mariette prit le papier et y lut : *Édouard de M...., rue Mazarine, hôtel de la Côte-d'Or.*

— Mais c'est une fausse adresse ! s'écria-t-elle : Édouard n'habite plus le quartier latin depuis longtemps ; son domicile est dans la Chaussée-d'Antin.

— Cependant, reprit l'étudiant, je puis vous affirmer qu'il est mon voisin depuis environ huit jours.

— Votre voisin !

— Il habite le premier, et nous sommes au troisième.

— Dans cette maison !

— Sans doute; c'est ici l'hôtel de la Côte-d'Or.

Ce que Mariette venait d'apprendre fut pour elle une révélation. Depuis huit jours qu'elle croyait Édouard à Bellevue, il habitait le même quartier qu'elle. Pourquoi? La jeune fille ne fut pas longtemps à chercher. Pourquoi, sinon pour l'épier, pour savoir si elle tiendrait les promesses que sa colère lui avait laissées comme adieux le jour où elle l'avait quitté? Dans cette maison, habitée par des étudiants, il pouvait, en effet, savoir par eux-mêmes des nouvelles de Mariette; car, depuis qu'elle retournait régulièrement au bal, on commençait à s'entretenir d'elle dans le quartier. Édouard ne l'ayant jamais vue venir chez le jeune homme avec qui elle se trouvait seule pour la première fois en ce moment, Mariette comprit le démenti qu'il avait donné à celui qui s'était vanté de lui avoir succédé, et si Édouard n'avait pas retiré son démenti, c'est qu'il avait, sans doute, deviné le motif qui avait poussé sa maîtresse à un aveu blessant pour lui. Après la provocation et après avoir vu Mariette partir au bras de son rival, l'amour-propre d'Édouard avait pu douter encore; mais il avait dû apprendre que Mariette avait suivi Léonce dans cette maison où, sans doute, il avait épié le départ de la jeune fille. A cette heure avancée où l'on était, il attendait certainement encore ; mais, cette fois, il attendait sur les charbons de la jalousie, car enfin il était bien près de l'évidence. Telles furent les pensées qui se présentèrent à l'esprit de Mariette en apprenant qu'Édouard habitait la maison où elle se trouvait. — Si Édouard me voit sortir maintenant, pensa-t-elle, il devinera tout, et demain, orgueilleux d'avoir si bien deviné, il montera sans doute ici pour dire à Léonce : « Mariette n'est pas chez vous, vous voyez bien qu'elle n'était pas votre maîtresse. » Et la jeune fille se promit qu'Édouard boirait jusqu'au bout le calice amer de la jalousie. Comme elle restait toute pensive, appuyée contre une fenêtre, Léonce s'approcha d'elle.

— Eh bien, lui demanda-t-il, à quoi pensez-vous encore ?

— Je pense, répondit Mariette, que voici le jour qui approche, et que ce soir peut-être.... Et elle se laissa tomber sur une chaise auprès d'une table, sur laquelle elle s'appuya dans une attitude méditative.

Son parti était bien pris : elle ne voulait plus s'en aller; mais elle ne savait pas comment le dire.

— Vous l'aimez donc bien? fit le jeune homme, qui venait de s'asseoir auprès d'elle.

— Qui?

— Celui qui est en bas, ajouta l'étudiant en indiquant du doigt l'étage inférieur.

— Eh! si je l'aimais, serais-je donc ici? dit Mariette à voix basse.

— Puisque vous voulez partir.

— Suis-je partie? continua Mariette en retirant son chapeau, qu'elle déposa sur la table. On étouffe ici, dit-elle un moment après, en prenant ce prétexte pour retirer son châle.

Léonce se leva et ouvrit la croisée. Au même instant, Mariette entendit le bruit d'une autre croisée qui s'ouvrait à l'un des étages inférieurs de la maison. Elle présuma que c'était Édouard qui ne s'était point endormi et qui se mettait aux aguets pour découvrir un indice de sa présence chez l'étudiant son rival. Mariette s'approcha de la fenêtre ouverte, où Léonce la suivit. Il lui suffit d'un coup d'œil pour se convaincre qu'elle avait deviné juste. La fenêtre qui venait de s'ouvrir était, en effet, celle de la chambre d'Édouard, et, à la clarté du bec de gaz qui montait au niveau de l'étage, elle le reconnut lui-même au moment où il quittait son balcon.

— Vous êtes cruelle, Mariette, lui dit Léonce : *il va nous entendre et nous voir.*

— Croyez-vous donc, lui répondit-elle, qu'il ignore ma présence ici ?

La nuit était claire et ressemblait à celle où, un an auparavant, Édouard avait employé toutes les séductions pour convaincre Marianne de son amour, alors que celle-ci n'était qu'une petite paysanne. En cet instant où ce souvenir traversait sa pensée, les regards de Mariette tombèrent sur la bague qu'il lui avait donnée dans cette même nuit. Ce bijou, qui avait été l'alliance de leur amour, rappela à la jeune fille tout ce que cet amour lui avait fait souffrir, et une idée de vengeance infernale traversa son esprit. Elle voulut qu'Édouard sût l'heure exacte où elle allait cesser d'être à lui pour être à un autre, et, sans que Léonce pût s'apercevoir de ce qu'elle faisait, Mariette retira la bague de son doigt et la laissa tomber sur le balcon, au-dessus duquel elle plongeait. Le bruit que la bague avait fait dans sa chute attira l'attention d'Édouard, qui était rentré dans sa chambre, et Mariette l'aperçut comme il avançait le bras pour ramasser le bijou dont la présence lui signifiait une rupture définitive. Mariette n'en dit rien à Léonce; mais elle connaissait le caractère d'Édouard, elle avait par expérience une grande confiance dans la justesse de ses instincts féminins, et elle commença à espérer que le duel n'aurait pas lieu.

Le lendemain, en effet, deux jeunes gens se présentèrent chez Léonce et demandèrent à l'entretenir en particulier. C'étaient les témoins d'Édouard.

— Pardon, messieurs, dit Léonce, je m'étonne de vous voir chez moi. J'ai deux de mes amis à qui j'ai donné mission de s'entendre avec vous, et dont M. Édouard a l'adresse.

—M. Édouard nous envoie chez vous particulièrement, reprit le jeune homme qui avait parlé.

— Et nous venions pour terminer vite un arrangement pacifique, ajouta l'autre. Mais, reprit-il en désignant Mariette du regard : il est utile que nous soyons seuls.

Sur un signe de Léonce, Mariette se retira dans la seconde pièce. Elle voulut écouter; mais les trois jeunes gens parlaient si bas, qu'elle n'entendit qu'un murmure de paroles confuses. Au bout de vingt minutes, l'étudiant vint la rejoindre. — Est-ce arrangé? lui demanda-t-elle.

— J'ai renvoyé ces messieurs à mes amis ; mais je doute qu'on s'entende.

— Pourquoi, si votre adversaire propose une conciliation honorable ?

—Il me la propose dans des termes blessants pour vous, dit l'étudiant, et c'est pourquoi j'ai refusé.

— Ah ! je devine, s'écria Mariette. Je n'ai rien entendu, mais je suis sûre que je devine les propositions d'Édouard. Voulez-vous que je vous les dise ?

— Ces propositions, les voici, répondit Léonce : ayant acquis la preuve d'un fait qu'il croyait faux, il retire son démenti devant nos témoins.

— Et il demande que vous retiriez votre gant ?

— Nécessairement.

— Eh bien ! c'est très-acceptable, ce me semble, et au besoin cette démarche de sa part peut passer pour une reculade.

— Je n'y comprends rien ; mais ce qui est moins acceptable, c'est le motif qu'il donne pour justifier cet arrangement ; et comme ce motif est injurieux pour vous, je lui fais signifier que je considère l'affaire comme étant restée dans les premiers termes.

— Écoutez-moi, je connais celui qui vous a provoqué. Maintenant qu'il me sait bien perdue pour lui, il aura dit, sans doute, que deux galants hommes ne devaient point se couper la gorge pour une personne comme moi.

— Vous avez donc écouté aux portes?

— Non ; mais moi aussi j'ai des pressentiments, et si vous le voulez, je vous dirai l'heure où Édouard a pris cette résolution.

— Comment?

Mariette lui raconta l'épisode de la bague, et elle ajouta : — Tant qu'Édouard a pu croire que je l'aimais encore et que je jouais avec lui une scène du *Dépit amoureux*, il aurait voulu se battre ; mais maintenant qu'il me sait votre maîtresse, il craindrait, en se battant avec vous à cause de moi, que j'attribuasse son duel à la jalousie. Il ne veut pas, dans sa pensée, me donner la satisfaction de supposer que son amour a survécu à la perte du mien. J'avais prévu tout cela cette nuit, et j'étais sûre, en lui renvoyant ma bague, qu'il me renverrait votre gant. Vous n'avez qu'une chose à faire, c'est d'accepter ce qu'il propose. Pour mon compte, je n'y mets pas tant d'amour-propre. — Il peut dire du mal de moi tant qu'il voudra, — tous les hommes en disent de la femme qui les quitte. — Ne vous embrassez pas, — mais que cela finisse. — Il y a un an je suis devenue amoureuse de lui, parce qu'il avait reçu un coup de bouteille pour moi ; si *tu* lui donnais par hasard un coup d'épée, — je serais capable de l'aimer encore. — Pour l'amour de Dieu, — préserve-moi de ce malheur-là.

— Vrai, tu ne veux plus l'aimer ?

— *Non bis in idem* — lui répondis-je en riant

— Bah ! — tu sais le latin ?

— Et les beaux-arts, mon cher.

— Mais tu es un trésor.

— Dont tu seras le seul caissier.

— Vrai — tu m'aimes un peu ?

— Qu'est-ce que font donc vos pressentiments, — s'ils ne vous le disent pas ?

— Tiens, Mariette, — j'aurais peur de ce duel maintenant.

Le soir même, l'affaire était arrangée ; le lendemain, Édouard avait quitté la maison; huit jours après, il avait quitté Paris. — Depuis ce temps, reprit Mariette, je ne l'ai jamais revu, et sans doute il sera resté dans son pays.

Pendant deux années, je menai une existence pour ainsi dire quotidiennement improvisée, sans attachement sérieux, existence de hasard et de caprice, égrenant les plus beaux jours de ma jeunesse au milieu de plaisirs dont l'habitude me fit bientôt une fatigue, n'osant plus regarder derrière moi et osant

moins regarder en avant, ayant parfois de soudains
et d'amers dégoûts pour cette vie déplorable et ne me
sentant pas le courage de faire une tentative pour en
sortir, le cœur prompt aux bonnes résolutions et l'esprit trop faible pour les mettre à exécution; indolente,
paresseuse, et disant toujours demain quand il aurait
fallu agir le jour même et sur l'heure. Ce fut alors
que je rencontrai Fernand de Sallys. Quand je le
connus, c'était presque un enfant ; il sortait de chez
ses parents, et je fus la première femme qu'il aima.
Après Édouard, il fut aussi le seul pour qui mon
cœur retrouva quelquefois le juvénile enthousiasme
des premières tendresses. La bonne nature de Fernand avait presque réagi sur moi, et, tout joyeux et
tout fier, le pauvre enfant s'écriait déjà : — Tu vois
bien, Mariette, tu vois bien que je suis parvenu à te
sauver de toi-même, à t'arracher à cette vie de désordre ! — Mais ce ne fut là que le rêve d'un instant.
Pour me faire persévérer dans la bonne voie où j'étais rentrée, il eût fallu que l'amour de Fernand eût
dès le principe exercé sur moi la domination qu'il
me laissa prendre sur lui : sa tendresse soumise, au
contraire, n'avait d'autre volonté que la mienne; il
sentait bien que peu à peu les mauvais penchants
rentraient dans mon cœur par les brèches de l'oisi-

veté et de la coquetterie, mais il n'osait point me faire de remontrances, et son chagrin silencieux voyait mon amour s'éloigner de lui sans rien tenter pour le retenir; aussi ne tarda-t-il point à souffrir avec moi tout ce que j'avais jadis souffert avec Édouard. Je me reconnaissais dans sa douleur muette ou doucement plaintive, qui n'excitait plus chez moi qu'une pitié impatiente, et l'égoïsme brutal avec lequel je traitais Fernand me fit plus d'une fois justifier celui avec lequel Édouard m'avait traitée jadis. Dix fois j'ai voulu rompre avec Fernand, qui, pour moi, compromettait sérieusement son avenir; mais cela n'a pas été possible, il est toujours revenu à moi. Si une seule fois il avait paru accepter tranquillement ces projets de rupture, peut-être eût-ce été moi qui serais retournée à lui; mais son amour naïf ne comprenait pas toutes ces ruses de la passion expérimentée ; il ne pouvait point se passer de moi, il le disait franchement et il le prouvait de même, en fermant les yeux sur ma conduite. Cette patiente indulgence, cette tendresse obstinée et si peu méritée, ne contribuèrent pas peu à me rendre impitoyable avec lui. Je m'indignai de la persévérance de Fernand. Prompte à oublier toutes les lâchetés de mon premier amour, j'accablai de mon mépris toutes les faiblesses du sien. Cependant, quand il revenait à moi, quand il me criait : Ne t'en va pas, je t'aime quand même, — je finissais par lui céder, et une banale promesse tombait de mes lèvres ; mais l'indifférente aumône d'amour que m'arrachait sa douleur ressemblait aux charités forcées que l'on accorde plutôt à l'obsession d'un pauvre qu'à sa misère. Il y a un mois, il a passé ving nuits de suite pour achever je ne sais quel travail en dehors de ses études, et dont le produit devait être employé à m'acheter une nouvelle toilette d'été. Le jour où j'ai mis cette toilette pour la première fois, nous devions aller ensemble à la campagne : c'était pour me procurer ce plaisir et pour le partager avec moi qu'il avait travaillé aussi longtemps. Eh bien ! ce jour-là même, pour satisfaire je ne sais quel caprice de vanité, j'ai manqué le rendez-vous que j'avais donné à Fernand, et c'est avec un autre que j'ai été à la campagne, c'est avec un autre qu'il m'a rencontrée le soir au bal, où son instinct de jalousie l'amenait toujours dans les moments où il devait acquérir la preuve que je le trompais. Et cependant le même soir il se roulait encore à mes genoux et me suppliait de ne pas le quitter. Ce fut le lendemain même que se déclara la maladie qui l'a conduit où vous l'avez rencontré, monsieur Claude. Les fatigues du travail nocturne, le mauvais régime qu'il s'imposait pour satisfaire de son mieux les insatiables fantaisies de ma coquetterie, avaient déterminé cette fièvre dangereuse dont il a failli périr. Comme il est depuis longtemps brouillé avec sa famille à cause des dettes qu'il a contractées pour moi, il n'avait point même de quoi se faire soigner chez lui, et il s'est fait transporter à l'hôpital. Vous savez le reste, monsieur Claude.

Le long récit de l'histoire de Marianne avait plus d'une fois ému Claude très-vivement, comme la jeune fille avait pu s'en apercevoir.

— Eh bien! Marianne, demanda-t-il, que prétendez-vous faire maintenant? quelle sera votre conduite avec Fernand?

— Ne vous l'ai-je pas déjà dit assez clairement, et ne m'avez-vous pas devinée? répondit-elle ; je veux que notre liaison finisse. Je souffre peut-être plus que lui de ces perpétuels orages, et, puisque l'occasion s'en trouve, je veux empoisonner par le dégoût l'amour que Fernand a pour moi, et il faut que vous m'aidiez dans cette œuvre, qui est presque une bonne action. Vous le verrez demain, dites-vous?

— Demain matin, répondit Claude, et je dois lui rendre compte de la mission dont il m'a chargé.

— Eh bien ! répondit Mariette, il faut lui répondre que vous ne m'avez pas trouvée à l'hôtel.

— Fernand se doutait déjà que je ne vous y trouverais pas, aussi m'avait-il chargé de m'enquérir de vous dans le quartier.

— Ce n'est pas tout, reprit Mariette ; vous ajouterez que vous avez appris par la maîtresse d'hôtel que je suis partie, retenez bien ceci, il y a eu jeudi soir huit jours, avec l'étudiant qui était notre voisin. N'oubliez pas la date, ajouta la jeune fille.

— Mais ce jour-là, reprit Claude, si je me rappelle ce que Fernand m'a dit ce matin, c'était précisément le jour où vous êtes venue voir Fernand pour la dernière fois ; c'était le jour où l'on désespérait de lui.

— C'est vrai, répondit Mariette, on ne croyait pas qu'il passerait la nuit, et c'est pourquoi je choisis justement cette date. Quand Fernand apprendra que, seulement quelques heures après avoir quitté son lit, dont approchait le dernier sacrement, celle qu'il avait vue mouiller son drap de ses larmes s'enfuyait avec un autre, j'espère que j'aurai atteint le but que je me propose.

— Mais c'est un mensonge, sans doute ? dit Claude.

— Ah ! merci, s'écria Marianne, merci de ne pas croire que j'aie pu commettre une telle action ! Oui, c'est un mensonge ; mais, pour Fernand, il faut que ce soit une vérité. Si je n'avais jamais menti que pour de semblables motifs, Dieu ne m'en voudrait pas.

En ce moment, ils étaient arrivés à la grille de l'Observatoire, pourchassés par les gardiens qui renvoyaient le monde à cause de l'heure avancée.

— Adieu, monsieur Claude, dit Mariette quand ils furent hors du jardin.

— Vous me quittez, fit le jeune homme ; mais où donc allez-vous… à cette heure ? demanda-t-il après une courte hésitation.

— Je vais là, répondit Mariette, en indiquant la porte d'un bal dont on apercevait les lumières. Faites bien ma commission, ajouta-t-elle, et venez me dire l'effet qu'elle aura produit. Je vous attendrai toute la journée.

— Je ferai ce que vous me demandez, Marianne, dit Claude, mais à une condition.

— Laquelle ?

— C'est que vous n'irez pas là ce soir ; — et Claude indiqua les portes du bal.

La jeune fille le regarda un moment avec étonnement.

— Soit, dit-elle d'une voix singulière, je n'irai pas, je vous le promets. Adieu, monsieur Claude. — Et elle allait quitter le bras du jeune homme quand celui-ci la retint.

— Je vais vous reconduire, lui dit-il.

— Mais puisque je vous promets de ne point aller au bal, reprit Mariette, dont la voix accusait le nouvel étonnement que lui causait l'insistance de Claude à ne point la quitter.

— C'est pour cela que je vous offre de vous remettre à votre porte.

— Comme vous voudrez, répondit Mariette en retournant sur ses pas. En effet, dit-elle, il est déjà tard, je vous ai retenu bien longtemps à vous conter mon histoire qui ne vous intéresse pas. Vous allez être grondé.

— Grondé par qui ? fit Claude.

— Par celle qui vous attend sans doute, dit Mariette.

— Je suis fâché avec elle.

— Tiens, vous me disiez ce matin que vous n'aviez pas de maîtresse.

— Puisque je n'en ai plus, c'est comme si je n'en avais pas, répondit Claude en se demandant intérieurement pourquoi il venait de faire ce mensonge.

— Mais pourquoi vous êtes-vous fâchés ? demanda Mariette.

— Pourquoi ? fit Claude embarrassé, je ne m'en souviens plus.

— Ah bien ! alors, ce n'était pas grave ; vous nous raccommoderez.

— Je ne crois pas, répondit Claude machinalement.

— Oh ! que si. C'est si gentil le raccommodement, quand c'est l'amour qui fournit le fil et les aiguilles.

Au bout de vingt minutes, on arriva à la porte de Mariette.

— A demain, dit-elle à Claude. Voulez-vous me donner la main?

— A demain, répondit le jeune homme, dont la main tremblait un peu dans celle de la jeune fille.

Quand Mariette fut rentrée, Claude reprit tout rêveur le chemin de sa maison.

Cette nuit-là, Claude ne dormit pas ; des sensations inconnues, des réflexions toutes nouvelles troublaient son insomnie, causée, comme il ne pouvait pas se le dissimuler, par le récit que lui avait fait Marianne. Il était comme ces bonnes gens qui vont au spectacle pour la première fois de leur vie, et qui, se trouvant mis en face d'une action dramatique où se meuvent des passions étrangères à leur existence paisible, emportent du théâtre une impression qui se prolonge aussi longtemps que le souvenir. Claude n'avait jamais lu de romans, pas même *Paul et Virginie*, ce livre charmant dont les pages arrosées de tant de larmes donnent aux cœurs adolescents le *la* de la rêverie et du chaste désir. L'histoire de Marianne avait donc produit sur lui ce qu'il eût éprouvé sans doute en lisant un roman d'amour, et cette impression avait été d'autant plus vive, qu'il ne pouvait y échapper, comme font certains lecteurs qui tentent de résister à l'émotion que leur cause un livre attachant, en s'écriant : « Ah ! bah ! cela n'est pas arrivé. » Autre chose est d'ailleurs la lecture à tête reposée et le récit, surtout quand le personnage qui le fait en est lui-même le héros, et que sa voix, son geste, son regard, les battements de son cœur, animent les sentiments qu'il exprime, et les rendent presque palpables pour celui qui écoute. Cette initiation indirecte à un sentiment dont le nom seul l'épouvantait eut d'abord pour résultat de maintenir Claude dans son système de prudence, qu'il trouvait moins que jamais exagéré. En effet, comme tous les esprits où veille une logique permanente, après ce qu'il venait d'entendre, Claude ne pouvait manquer de faire ce raisonnement : que si, en arrivant à Paris, il s'était mis à vivre comme la plupart des jeunes gens, il serait peut-être à cette heure dans la même situation où se trouvait Fernand de Sallys. Néanmoins, il n'envisageait déjà plus avec autant d'inquiétude la mission dont ce jeune homme l'avait chargé ; il ne regrettait pas de se trouver mêlé à une de ces intrigues de jeunesse dont les suites confirmaient tout ce qu'il avait pu en soupçonner; ce spectacle déplorable devenait pour lui un utile exemple, dont le souvenir lui crierait : « Prends garde ! » si jamais, plus tard, il se trouvait lui-même près de céder à la tentation. Au milieu de toutes ces pensées éveillées dans son esprit par l'histoire de Marianne, il en était une pourtant qui revenait par intervalles, et dont le retour intermittent semblait une interrogation faite par lui-même à lui-même. — Il était donc bien puissant, ce charme de l'amour, puisque tous ceux qui le subissaient renonçaient aux joies sûres et tranquilles des autres sentiments, et leur préféraient une passion qui est une source de tourments certains ? Quelle étrange félicité pouvait ainsi les faire s'obstiner dans leur martyre ? et qu'y avait-il donc enfin au fond de ce mot, qui est à la fois le miel le plus doux et le fiel le plus amer que puisse effleurer une lèvre humaine?

Réveillé par cette interrogation, le souvenir d'Angélique vint alors traverser la pensée de Claude, et le jeune homme le retint plus longtemps qu'il n'avait coutume de le faire; il se reprocha même de ne songer que si rarement à celle qui songeait à lui toujours, et dont, malgré la distance, il lui semblait entendre battre le cœur fidèle. Une espèce d'attendrissement pénétra dans son propre cœur. Il se demanda si sa tranquillité, dans les rares moments où il pensait à sa fiancée, n'était point de l'indifférence, et si cette indifférence n'était pas une infidélité. Pour la première fois peut-être depuis son séjour à Paris, Claude songea à l'époque des vacances et s'attrista subitement d'avoir encore plus de deux mois à attendre ; il fut pris d'une attaque de nostalgie soudaine ; il aurait souhaité pouvoir partir à l'instant et arriver le lendemain même, à cette heure matinale où la campagne encore endormie commence à se réveiller aux appels des *angelus* qui se répandent dans le ciel, traversé par l'alouette sonore qui monte au soleil comme une fusée partie d'un sillon. Ses regards venaient de s'arrêter sur les aquarelles qu'Angélique lui avait données le jour du départ, et qui représentaient, on se le rappelle, les sites du pays où il avait vécu. Claude se croyait transporté au milieu de la campagne natale. Les yeux fixés sur les dessins d'Angélique, il lui semblait s'y voir lui-même, marchant la main dans la main de la jeune fille. Avec elle, il gravissait la rude montée du coteau au bord duquel se penchait la maison du docteur Michelon ; il revoyait l'humble presbytère où il avait grandi auprès de son oncle ; il s'enivrait à respirer la saine odeur du tan que l'on prépare sur les bords de la petite rivière. A travers les arbres de l'île *aux Trembles*, il voyait fumer les grands brasiers allumés par les charbonniers de l'Yonne ; il entendait les cris des mariniers conduisant les lourds bachots chargés de futailles et remorqués par l'antique coche d'Auxerre, qui nageait lentement dans les eaux basses, remorqué lui-même par de vigoureux chevaux, dont Claude croyait entendre retentir le trot sur les cailloux du chemin de halage. Là était le Clos où il avait joué avec les enfants du village ; ici la Garenne, et plus loin le bois aux mûriers, où fredonne une source cachée ; là-bas, derrière les saules et les noyers, il entendait le tic-tac du Moulin-Rouge ; il reconnaissait la place où il avait failli se noyer en jouant au bateau, et, à ses pieds, il voyait bouillonner l'écluse d'où le bonhomme Duclos l'avait retiré. Mais, chose étrange ! dans cette promenade imaginaire qu'il faisait depuis un moment en évoquant l'image de sa fiancée, Claude s'aperçut que ce n'était point Angélique, mais au contraire Marianne qu'il tenait par la main ; et il lui parut voir et entendre la jeune fille qui lui disait, en lui montrant le Ru du Moulin-Rouge : C'est ici que mon père vous a sauvé quand vous étiez petit. Au même instant, il sembla à Claude que le dessin sur lequel ses yeux étaient restés attachés subissait une métamorphose ; en effet, le paysage bourguignon avait disparu avec la rapidité d'un changement à vue, pour faire place à un lieu dans lequel Claude reconnut bien vite les sombres et discrètes allées du Luxembourg, où il s'était promené toute la soirée avec Marianne. Cette apparition inattendue de la figure de la jeune fille, qui venait se placer entre lui et le souvenir de sa fiancée, inquiéta Claude. A deux ou trois reprises, il rechercha par quelles causes, indépendantes de sa volonté, sa pensée se trouvait détournée d'Angélique et ramenée vers Marianne. Qu'y avait-il donc de commun entre lui et cette fille, pour que son image s'introduisît avec tant d'importunité dans sa rêverie, quand c'était l'image d'une autre qu'il tentait d'évoquer ? Claude, se rappelant alors les petits incidents qui avaient terminé son entrevue avec la maîtresse de Fernand, se demanda pourquoi il avait menti, en lui faisant croire qu'il était fâché avec une maîtresse qu'il n'avait pas ; mais, n'osant peut-être point insister pour trouver l'intention véritable qui l'avait poussé à faire ce mensonge, il se persuada l'avoir commis uniquement pour ne point paraître ridicule aux yeux de Marianne, en lui faisant l'aveu d'une vie sage et régulière qui eût peut-être été l'objet de ses plaisanteries.. Alors à quoi bon dire qu'il était fâché avec cette maîtresse imaginaire, et pourquoi surtout, avait-il ajouté qu'il ne se remettrait point avec elle? En quoi tous ces détails, même s'ils eussent été vrais, concernaient-ils Marianne? Vers quel but tendait toute cette diplomatie? Quel sentiment le poussait, lorsque, après avoir empêché la jeune fille d'entrer au bal, il avait insisté pour la reconduire chez elle? Pourquoi, après l'avoir quittée à sa porte, l'avait-il encore guettée quelques minutes dans la rue, et pourquoi avait-il été inquiet à l'idée de la voir ressortir? Ne sachant que répondre à tout cela, et voyant les premières lueurs du jour qui commençaient à blanchir à travers ses jalousies, Claude finit par se dire qu'il était bien temps de dormir, et il s'endormit en effet.

Le lendemain matin, le domestique de l'hôtel entra dans la chambre de Claude pour l'éveiller; mais le jeune homme, tiré brusquement d'un sommeil qui durait depuis une heure à peine, s'y replongea, après avoir répondu machinalement qu'il allait se lever. Cependant la maîtresse de l'hôtel, inquiète de ne l'avoir pas vu descendre, monta chez lui pour s'informer s'il n'était point malade. Claude, honteux de sa paresse, s'habilla rapidement, et se mit en route pour l'hôpital, où c'était jour de clinique. Dans le trajet, il aperçut l'heure à une horloge publique. Il était près de midi. La visite devait être terminée depuis longtemps. Claude était contrarié d'avoir manqué la visite et la leçon : c'était la première fois qu'il lui arrivait d'être en retard. Un instant il fut sur le point de revenir sur ses pas ; mais il pensa à Fernand, qui devait attendre avec tant d'impatience le résultat de sa démarche, et il continua plus lentement sa route, en méditant les termes dans lesquels il reporterait au malade le pénible et difficile message dont l'avait chargé Marianne.

Lorsque Claude arriva dans la salle, il s'aperçut que les rideaux du lit de Fernand étaient hermétiquement fermés ; mais, quand il eut remarqué que la *pancarte* ne se trouvait plus dans le cadre placé a la tête du lit, il ne put s'empêcher de frémir. Claude était au courant des habitudes de l'hospice, et savait que l'absence de cette pancarte pouvait, dans la situation ou il avait quitté la veille le malade, être considéré comme un indice sinistre. La sœur de garde, qui voyait Claude tourner avec inquiétude autour du lit, lui demanda qui il cherchait.

— J'étais venu pour parler au numéro dix, répondit Claude ; et il ajouta plus lentement, en désignant le cadre où n'était plus la pancarte : Est-ce que...

— Non, répondit la sœur, mais il a fait une rechute dangereuse.

— Qu'est-il donc arrivé ? demanda Claude.

— Ce matin, reprit la sœur, pendant tout le temps que la visite a duré, il a paru très-agité ; et quand le docteur L... est repassé devant lui, son agitation est presque devenue du délire. Il a appelé le docteur, et lui a demandé la permission de sortir pendant deux heures. Comme depuis huit jours il fait tous les matins la même demande, on n'y a point pris garde ; mais, dans l'instant où le médecin s'arrêtait à la table pour signer les cahiers de service, le numéro dix, qui avait trompé la vigilance des infirmiers, est arrivé près du docteur, tenant sa pancarte à la main, et lui a déclaré que, s'il ne voulait pas lui accorder la permission de sortir, il allait adresser au préfet de police une plainte en séquestration. Le médecin lui a répondu qu'il allait le faire mettre à la diète. Alors le malade s'est répandu en injures contre lui, et a poussé des cris tels qu'on l'a entendu dans toute la maison. Les élèves et les infirmiers ont voulu s'emparer de lui ; mais la fièvre chaude lui avait donné une force telle, qu'il a fallu plus d'un quart d'heure pour en avoir raison. Il faisait arme de tout ce qui lui tombait sous sa main. Le docteur L.... a ordonné qu'on lui mît la camisole de force, et il a fait envoyer la pancarte à la direction, pour qu'on prenne des informations sur son compte, et qu'on prévienne sa famille ou ses amis, car son état n'est pas sans danger, et il paraît bien délaissé. Mais vous le connaissez peut-être, vous? demanda la religieuse à Claude.

— Non, ma sœur, répondit Claude. Il m'avait chargé d'une commission, et je venais lui rendre la réponse; seulement, je devais venir ce matin avant la visite, et je crains que l'impatience que mon retard a dû lui causer ne soit pas étrangère à l'accès qui lui a pris.

— Il paraît assoupi, reprit la sœur en écartant les rideaux. Dès que sa crise a été calmée, il est tombé dans une prostration silencieuse. Il a beaucoup pleuré. Il a bien besoin de repos, et, à moins que la nouvelle que vous lui apportez ne soit de nature à le tranquilliser, il vaudrait mieux ne pas l'éveiller.

— Non, ma sœur, répliqua Claude, c'est une mauvaise nouvelle, et il sera toujours temps de la lui apprendre.

Mais, comme il allait s'éloigner, il entendit les rideaux du lit glisser sur leur tringle, et il aperçut Fernand qui faisait de pénibles efforts pour se dresser sur son séant.

— C'est donc vous, à la fin! lui dit le malade d'une voix brisée; et montrant du regard l'appareil qui tenait ses bras captifs, il ajouta : Voyez comme on me traite.

— Si vous vous tenez bien sage jusqu'à la fin du jour, j'obtiendrai du médecin qu'on vous ôte cela, dit la novice en laissant échapper un geste de pitié; — et elle se retira pour le laisser causer avec Claude.

— Eh bien? — dit brusquement Fernand en indiquant à Claude la chaise qui était près de son lit; et son regard un peu égaré accusait mille angoisses intérieures.

Claude l'observa un moment sans répondre. — Je n'oserai jamais faire ce que m'a dit Marianne : une telle révélation dans un semblable moment... ce serait lui porter un coup mortel, et, mensonge pour mensonge, mieux vaudra celui qui pourra momentanément apaiser son désespoir.... Eh bien? reprit-il très-vivement, sans oser regarder le malade en face, je vous apporte une bonne nouvelle. Quand je dis bonne, ce n'est point ce mot-là que j'aurais dû employer; mais enfin ce que j'ai à vous apprendre calmera vos inquiétudes. J'ai vu Mlle Mariette. Vous l'accusiez à tort : elle ne vous a point oublié, et si elle n'est point venue vous voir, si elle n'a pas répondu à vos lettres, c'est qu'elle n'a réellement pas pu.

— Pas pu! répéta machinalement Fernand; et quel prétexte vous a-t-elle donné ?

— Ce n'est pas un prétexte, ajouta Claude très-vite, c'est une raison. Mariette a été malade, gravement malade; je l'ai trouvée au lit. Le chagrin qu'elle a éprouvé en vous voyant la dernière fois qu'elle est venue ici a causé cette maladie, dont elle relève à peine.

— Assez... assez... interrompit Fernand. Je vois bien, en effet, que vous avez vu Mariette, ajouta-t-il avec un sourire amer, et il a suffi d'une fois pour qu'elle exerçât sur vous cette influence à laquelle il est difficile de se soustraire.

— Que voulez-vous dire ? demanda Claude étonné.

— Vous me trompez, répondit le malade; c'est par charité peut-être et parce que vous craignez d'augmenter mon chagrin; mais vous me trompez. Peut-être aussi est-ce uniquement pour obéir à Marianne, qui vous a chargé de justifier près de moi son oubli odieux ; mais vous me trompez, j'en suis sûr.

Claude fut un instant étourdi par ce démenti donné avec tant de sûreté. Ne pouvant prévoir comment il devinait qu'il ne lui disait pas la vérité, il pensa que c'était peut-être à cause d'un vague pressentiment que Fernand refusait de le croire.

— Dans quel intérêt vous tromperais-je? reprit-il enfin. Je regrette bien de m'être mêlé de vos affaires, puisque vous n'avez pas même confiance en moi, ajouta Claude avec vivacité, espérant sans doute que son dépit simulé donnerait à ses paroles un air de conviction. Je vous répète que Mariette est depuis huit jours hors d'état de répondre à vos lettres et de venir vous voir.

Le ton de franchise avec lequel Claude lui avait parlé parut en effet ébranler Fernand.

— Où avez-vous vu Mariette? demanda-t-il.

— A l'hôtel où vous m'avez adressé, répondit Claude.

— Et, elle était malade à ne pouvoir sortir?

— Sans doute.

— Il est possible qu'elle vous l'ait fait croire, reprit Fernand après une pause.

—Mais, dit Claude, Mariette n'était point prevenue de ma visite. Si elle avait voulu me tromper... comment l'aurais-je trouvée au lit?... Vous voyez bien que ce que je vous dis est vrai : qui peut vous en faire douter?

— A quelle heure l'avez-vous quittée? demanda Fernand; était-ce le soir ou dans le jour?

— Le soir, dit Claude obstiné à persévérer dans son mensonge; assez tard même, car elle m'a retenu : elle avait, disait-elle, du plaisir à me parler de vous. Vous la retrouverez bien changée.

— Mais enfin, insista Fernand, à quelle heure précise êtes-vous parti de chez elle? J'ai une raison pour vous demander cela.

Claude hésita un moment. — Je suis parti à neuf heures, neuf heures et demie, répondit-il.

— Eh bien! s'écria Fernand, Mariette, que vous avez quittée malade dans son lit à neuf heures et demie du soir, était au bal à dix heures.

Claude sentit qu'il devenait pâle.

— C'est impossible, murmura-t-il : vous êtes le jouet de votre délire; c'est impossible... Mariette au bal...

— C'est pourtant vrai, continua Fernand.

— Mais comment avez-vous su?... Qui vous a dit? ais non, ce n'est point croyable, exclama Claude.

— Le hasard me sert toujours merveilleusement quand il s'agit de m'apprendre une mauvaise nouvelle. J'ai connu celle-là ce matin, avant la visite, par deux étudiants qui causaient tout haut en faisant un pansement auprès de mon lit. L'un d'eux parlait de Mariette, et c'est par lui que j'ai appris qu'elle était allée au bal hier au soir.

Claude se rappela que, la veille, en effet, Mariette n'avait pu retenir un petit mouvement d'humeur quand il avait insisté pour qu'elle n'entrât point au bal. — C'est indigne ! s'écria-t-il. Et il allait ajouter :

— Après ce qu'elle m'avait promis ! Mais il se retint à temps. Fernand ne semblait point prendre garde à son animation.

— Vous voyez bien qu'il est inutile de me vouloir tromper, ajouta le malade.

— C'est une misérable ! reprit Claude ; je le lui dirai moi-même.

— Je ne veux point que vous vous dérangiez davantage, dit Fernand. Je devais m'attendre à ce que le hasard m'a appris. Je ne sais même pas pourquoi je vous ai envoyé hier à la quête d'une certitude. Quand il s'agit de Mariette, ce n'est que du bien qu'il faut douter : c'est une fille sans cœur et tout à fait méprisable.

— Cependant, interrompit Claude, à qui ces paroles causaient un certain malaise, elle a de bons sentiments.

— Vous la défendez? dit Fernand étonné. Oui, en paroles elle a de bons sentiments, mais ce n'est que de l'hypocrisie. Tenez, ce matin, quand j'ai appris qu'on l'avait vue au bal hier au soir, ce qui m'indique suffisamment qu'elle n'a point changé de conduite, j'ai cru un instant que j'allais devenir fou tout à fait. L'idée de me voir où je suis à cause d'elle, la pensée de tant d'indulgence et de dévouement de ma part, récompensés par une ingratitude aussi impudente, m'ont rendu furieux. Je l'aurais eue entre les mains que je l'eusse tuée, sans doute. C'était pour aller chez elle que je voulais sortir ce matin; mais je crois que cette violente crise a étouffé ce qui me restait d'amour pour elle... Mais non... ce n'était point de l'amour. Cela n'est pas possible que j'aie pu aimer un pareil monstre. Je commence à m'en guérir... Oui, oui, je sortirai de ce honteux esclavage. Quand je pense à tout ce que j'ai fait pour cette fille! Ah! tenez, pour avoir été aussi longtemps mené en laisse par cette passion ignominieuse, je sens que Mariette a presque le droit de me rendre tout le mépris que j'ai pour elle. Ah! c'est égal, interrompit Fernand en prenant sa tête dans ses bras, on souffre bien quand on est forcé de haïr ce qu'on a tant aimé! Elle vous a dit qu'elle était malade. Ah! voyez-vous, j'eusse préféré le cynisme de son abandon odieux à cette hypocrisie... Ce dernier trait a comblé la mesure de mon dégoût.... On viendrait demain me dire qu'elle est morte, eh bien, tenez... je crois, je suis sûr que je ne bougerais pas... et que cela ne me ferait rien. Quand je pense, au contraire, que c'est moi qui ai failli mourir pour elle... Et ma pauvre mère qui m'aime tant... Ah! la malheureuse, la malheureuse!... Mais je n'y veux plus penser. Vous supposeriez que je dis tout cela par colère! Je suis bien calme, vous voyez, monsieur.... Ah! reprit le malade avec une exaltation nouvelle... Dieu vous préserve d'une liaison semblable!... On a beau dire : Ah bah! il faut que jeunesse se passe... ces amours-là... c'est une pente qui mène à tout. Si vous saviez ce qu'on y laisse!... si vous saviez toutes les belles choses que j'avais là! continua Fernand en se frappant le cœur... Et maintenant... Cependant je suis jeune encore... Et dire qu'il y a d'honnêtes filles, de chastes vierges, qui seront peut-être nos femmes, dont le cœur nous aura gardé tous ses trésors d'amour, de pureté, et à qui nous ne pourrons donner en échange qu'une jeunesse dévastée, qu'un cœur trop fatigué par d'indignes passions pour que nous puissions espérer d'y voir renaître un amour digne d'elles!...

En écoutant ces paroles, dites avec une véhémence qui le pénétrait jusqu'au fond de l'âme, Claude crut voir passer devant lui le fantôme de sa fiancée, et il lui sembla que des larmes mouillaient son visage attristé.

—Ne vous tourmentez pas ainsi, dit-il à Fernand ; ne songez plus à cette femme. Vous aviez raison tout à l'heure... ce n'est pas de l'amour que vous aviez pour elle... vous ne l'avez pas aimée.

— Je ne l'ai pas aimée ! Qui dit cela ? reprit Fernand à voix basse... Pas aimé Mariette... moi ! Mais vous ne la connaissez pas, vous... Est-ce que vous pouvez savoir ? Pas aimée ! mon Dieu !... j'ai pu dire cela... et quelqu'un a pu le croire ! Mais mon amour, c'est mon excuse... Si je ne l'avais pas aimée, je serais le dernier des misérables d'avoir accepté tout ce que j'ai accepté pour ne point la quitter. Quoi ! tant de souffrances, tant de jours perdus, tant de nuits passées dans les fièvres du désir ou dans les anxiétés de l'attente, la misère supportée avec tant de joie pour mettre un ruban frais à son chapeau, tous ses caprices barbares subis avec la docilité d'un enfant craintif, tant de larmes versées ! Ma mère si charitable, qui se cache des pauvres parce qu'elle m'envoie l'argent destiné aux aumônes, et cet argent dévoré par la coquetterie de cette fille ! Ma sœur qui aime tant les fleurs, et qui s'en prive pour me donner ses économies, afin que Mariette ait un bouquet à la main chaque fois qu'elle entre au bal !... Mariette qui m'a fait menteur et vil... elle pour qui je suis devenu mauvais fils et mauvais frère, je ne l'aurais pas aimée ! Ne me dites pas cela... Raillez mon amour, méprisez-le, mais au moins ne le niez pas... ne le niez pas.

Claude, resté debout près du lit, regardait silencieusement Fernand, et le spectacle de ce malheureux jeune homme emprisonné dans le vêtement des fous l'émouvait d'une pitié véritable, qui lui mettait presque les larmes aux yeux.

—Mais, reprit tout à coup le malade, je ne sais pas pourquoi je m'emporte ainsi ! La maladie me trouble et me rend peut-être injuste. Vous aviez raison tout à l'heure, monsieur : dans quel intérêt voudriez-vous me tromper ?... Mais vous savez, quand on est jaloux, la plus petite chose devient un prétexte à se tourmenter : c'est comme les objets les plus inoffensifs, qui prennent dans la nuit des formes effrayantes.... on ne réfléchit pas, et on en a peur. Je pense maintenant à une chose bien simple : ces jeunes gens que j'ai entendus ce matin, ce n'était peut-être point de

Mariette qu'ils parlaient. Il peut bien y avoir, dans le quartier, une autre femme qui porte ce nom.

Claude commençait à se sentir un poids de moins sur le cœur.

— Dire que je n'ai pas songé à cela plus tôt! reprit Fernand presque joyeux. Cela se comprend.... Dans mon inquiétude, au moment où je pensais à elle, j'entends dire à mon côté : Mariette était au bal. Est-ce qu'on réfléchit dans ces moments-là? Mon esprit a été frappé de ces paroles. Je ne m'imagine jamais qu'il puisse y avoir au monde une autre Mariette que celle que j'aime. Mon Dieu! comme on est habile à se chagriner soi-même! Ah! ce n'est point la première fois que cela m'arrive.

— Mais vous avez raison, lui dit vivement Claude, presque aussi joyeux que Fernand, et aussi prompt que lui à accepter une idée qui lui laissait intérieurement la possibilité de justifier Marianne; vous avez raison : c'était, sans doute, d'une autre Mariette que ces jeunes gens parlaient entre eux.

— Vous voyez bien que j'ai raison, reprit Fernand. Mais vous, qui avez tout votre sang-froid, comment n'avez-vous pas fait cette remarque depuis longtemps? Comment avez-vous pu croire que la même femme que vous aviez quittée malade au point de ne pouvoir m'écrire quelques lignes avait pu se trouver dans un bal une demi-heure après votre départ? Raisonnablement, cela n'est pas possible... n'est-ce pas?

Ces dernières paroles rendirent Claude soucieux. Fernand resta un moment silencieux et immobile, dans l'attitude d'un homme qui cherche à rassembler ses souvenirs.

— Non, non, reprit-il douloureusement, en se débattant dans ses liens; non... c'était bien elle... et pas une autre.... c'était bien elle!

Claude leva les yeux.

— C'était bien elle, continua Fernand d'une voix entrecoupée... le doute n'est plus possible... Je me souviens. L'étudiant qui parlait de la Mariette qui était au bal disait à son ami : Voilà longtemps que je la connais. C'est encore une belle fille; mais elle était mieux au temps d'Édouard, son premier amant, celui qui l'a lancée...

— Alors, répéta Claude, tristement envahi par une certitude qui lui était pénible, vous avez raison, c'était bien elle!

— Vous voyez donc bien! vous voyez donc bien! reprit Fernand... Après cela, continua-t-il sur un autre ton, c'est une fille si singulière! Quand elle a un caprice, rien ne peut l'arrêter. Aussi elle est folle de la danse. Le jour où on l'enterrera, si elle rencontre des violons en route, elle est capable de ressusciter, ajouta le malade en essayant de rire. Elle ne regarde pas à commettre une imprudence. Je me rappelle qu'une nuit d'hiver, elle est restée plus d'une heure aux fenêtres, les pieds nus et à peine vêtue, pour regarder un incendie. Malgré sa maladie, elle est bien capable d'avoir été au bal, très-innocemment, pour se distraire seulement. Cela ne m'étonnerait pas... d'autant plus que le jeune homme qui parlait d'elle disait encore à son ami : Je ne sais pas ce qu'elle a, notre Mariette, mais elle paraît toute triste à présent. C'était, sans doute, à cause de moi. C'est cela, ajouta Fernand ; elle s'ennuie de ne point me voir... Mais non, si elle va au bal, elle pourrait bien venir ici.

Claude demeura tout étourdi par cette versatilité de sentiments. Il ignorait combien les plus solides résolutions sont fragiles, et combien sont peu durables les révoltes de l'amour-propre, quand il se trouve aux prises avec une passion aveugle. Quant à lui, sans pouvoir se rendre compte du singulier sentiment qui le troublait en ce moment même, depuis qu'il avait appris que Marianne avait menti à la promesse qu'elle lui avait faite la veille, il était agité par une impatience douloureuse, et il brûlait d'être auprès d'elle pour l'accabler de reproches amers. Il ne comprenait pas comment Fernand avait pu entreprendre de la justifier; il s'était associé au mépris que l'amant de Mariette avait dit avoir pour elle, et il eût souhaité le voir persévérer dans ce mépris; mais son brusque et lâche retour en faveur de Marianne pétrifiait Claude et l'indignait presque.

— Comment! dit-il tout à coup, vous excusez Mariette à présent, après ce que vous avez dit d'elle! Vous cherchez à justifier sa présence dans un lieu de plaisir et de perdition au moment où vous êtes ici, dans ce lit de la charité publique! Mais vous ne comprenez donc pas que cette fille ne vous aime pas, qu'elle ne vous aimera jamais, que votre souvenir l'importune comme un remords, que vous êtes, sans le savoir, la victime sur qui elle se venge de tout ce qu'elle a elle-même souffert jadis!

— Comment savez-vous cela? pourquoi me dites-vous ces choses-là? balbutia Fernand en regardant Claude avec inquiétude. Tout à l'heure vous m'assuriez que Mariette vous avait parlé de moi en de bons termes... Elle ne m'aime pas, elle ne m'aimera jamais, dites-vous maintenant; et, il y a un inst vous disiez, au contraire, que c'était le chagrin voir où je suis qui l'avait rendue malade; vous me disiez encore qu'elle avait témoigné du repentir du mal qu'elle m'avait fait; vous vous fâchiez contre moi parce que je refusais de vous croire; vous preniez sa défense, et maintenant c'est vous qui l'accusez!

— Eh bien, oui! répliqua Claude, qui paraissait surmonter une hésitation intérieure; vous aviez raison tout à l'heure : je vous trompais par ménagement pour votre état. J'avais tort : c'était vous rendre un mauvais service que de vouloir rattacher votre amour à une espérance qui prolongerait une crise dont le dénoûment est devenu inévitable. D'ailleurs, vous auriez toujours appris ce que je voulais vous taire; mieux vaut donc que vous le sachiez tout de suite. Recueillez vos forces, ayez du courage pour recevoir ce dernier coup, et puisse-t-il vous faire à jamais oublier celle qui vous le porte! puissiez-vous guérir d'une passion qui est plus qu'une folie, qui est une faute grave! vous l'avez avoué vous-même.

Claude ne donna pas à Fernand le temps de l'interrompre; il passa outre sur une nouvelle hésitation qui semblait vouloir l'arrêter lui-même, et se penchant à l'oreille du malade, il lui dit brièvement : — Je vous ai menti : la maladie de Marianne est fausse, faux aussi son repentir. Tout ce que vous aviez prévu avant de m'envoyer vers elle s'est réalisé, et voici la vérité telle que je l'ai apprise de la bouche de la maîtresse d'hôtel où vous m'aviez adressé. Si Mariette n'est point revenue vous voir et si elle n'a point répondu à vos lettres, quelque suppliantes qu'elles fussent, c'est que, le jour même où elle vous avait quitté si près de la mort, Mariette devenait la maîtresse d'un jeune homme que vous connaissez peut-être, puisqu'il habitait l'hôtel même où vous logiez. Mariette a quitté cet hôtel avec lui. Voilà ce que j'ai appris lorsque je me suis présenté hier dans la journée, et ce que Mariette elle-même m'a avoué avec le plus profond cynisme quand je l'ai rencontrée le soir au bal, où elle était, en effet, hier, car je suis sûr qu'elle y était, moi. C'était pour y entendre d'elle-même la confirmation de l'abandon complet où elle vous laissait que je suis allé la joindre dans ce bal, où je n'avais jamais mis les pieds, continua Claude. Je ne la connaissais pas ; mais vous disiez la vérité : la première personne à qui je l'ai demandée me l'a indiquée sur-le-champ.

Claude avait à peine achevé cette révélation, qu'il s'en repentit soudain en voyant le visage bouleversé de Fernand ; mais il ne tarda pas à se féliciter intérieurement de ce qu'il venait de faire, et il commença à espérer que ce mensonge amènerait le résultat que Mariette en avait attendu. En effet, après quelques minutes de silence, Fernand sortit de l'accablement où l'avait plongé cette nouvelle, dont chaque parole, en tombant sur son cœur, lui avait causé la souffrance cuisante que peut causer une goutte d'acide en tombant sur une plaie vive. Il avait ressenti, en écoutant le récit de Claude, une douleur intraduisible; mais son désespoir, contenu par une certaine pudeur, n'avait point voulu s'exhaler devant un témoin. C'est, d'ailleurs, le propre de certains caractères et de certains tempéraments, qui d'ordinaire s'émeuvent outre mesure quand ils se heurtent à des incidents vulgaires ou à de puériles contrariétés, de supporter le premier choc d'une grande douleur avec un stoïcisme factice qui a quelquefois les apparences du courage véritable. Ce phénomène, qui venait précisément de se produire chez Fernand, contribua à maintenir Claude dans sa dernière supposition, et il fut complétement la dupe de la tranquillité indifférente av laquelle le malade lui répondit :

— Je regrette bien que vous ne m'ayez pas dit la vérité plus tôt; je ne saurais vous exprimer la brusque métamorphose que vos paroles viennent d'opérer en moi : c'est comme si un bandeau m'était tombé d

yeux. Ah! vous aviez raison de me prévenir : le coup
a été dur. Ce que vous m'avez appris là pourrait se
comparer à ces remèdes terribles que les médecins
tiennent en réserve pour les cas suprêmes : ils tuent
sur l'heure, ou ils guérissent à jamais. Je ne suis pas
mort, dit Fernand en essayant de sourire, donc je suis
guéri. N'en doutez pas, au moins; c'est bien fini, je
vous jure. Depuis dix-huit mois, voici la première
heure de repos que je goûte... Ainsi donc, reprit le
malade avec la même tranquillité trompeuse, le jour
même où j'ai failli mourir, Mariette était à un autre;
les baisers d'un autre ont séché sur son visage les
larmes qu'elle avait répandues en voyant s'éloigner le
prêtre qui m'avait administré. Cinq minutes après
avoir crié ici même, avec toute sorte de convulsions :
Fernand! mon Fernand! comme Mme Stoltz dans *la
Favorite*, elle allait dire un autre nom au milieu
des éclats de rire, — Philippe ou Paul, non, c'est
Charles qu'il s'appelle, mon voisin, — comme cela,
sans transition. Je ne connais rien de plus fort dans
les romans ou dans les drames; c'est quelque chose
en dehors de ce qui est humain; c'est l'insensibilité
et la cruauté devenues phénomènes. Ah! je vous le
disais bien qu'elle était très-forte, cette fille-là; et,
après tout, je ne suis pas fâché de l'avoir connue, car

je crois bien que je pourrais faire le tour du monde sans rencontrer sa pareille. Quelle bonne affaire d'en être quitte, et à si bon marché! Mais c'est pourtant vrai que j'ai été amoureux d'elle, ajouta Fernand après un court silence, amoureux à lier, et la preuve, c'est que je le suis encore, dit-il en montrant la camisole de force. Ah! je voudrais bien retrouver un petit morceau de mon amour : ce doit être une étrange curiosité, quelque chose à mettre sur une étagère, entre des coquillages et des idoles chinoises.

Ce flot d'ironie qui venait de s'échapper des lèvres de Fernand sembla l'avoir epuisé. Il laissa tomber sa tête sur l'oreiller, ferma les yeux et garda le silence.

— Adieu, lui dit Claude au bout d'un instant.

— Vous partez! reprit le malade en rouvrant les yeux. Où allez-vous?

— Mais, répliqua Claude en rougissant un peu, je suis resté longtemps près de vous. J'ai affair Ainsi, ajouta-t-il en regardant Fernand avec att tion, vous me promettez de ne plus penser à...

— Ce serait promettre plus que je ne pourrais nir, lui dit le jeune homme sans le laisser achever; mais je puis vous assurer qu'entre cette fille et moi, tout est dit.

— Bien sûr?

— Bien sûr. Je regrette de ne pouvoir vous donner la main, ajouta Fernand en indiquant du regard le fourreau de grosse toile qui tenait ses bras captifs.

— Vous me la donnerez demain, répondit Claude ne parlerai au docteur, et si vous êtes calme, avant peu vous pourrez sortir d'ici.

Et après avoir échangé encore quelques paroles amicales avec lui, Claude le quitta et le recommanda aux soins de la novice, qui l'avait accompagné jusqu'à la porte de la salle.

XIII

Quand il se trouva dans la rue, après avoir quitté Fernand de Sallys, Claude prit sans hésiter le chemin qui conduisait chez Mariette. Pourquoi y vas-tu? lui disait en route un pressentiment inquiet; et Claude répondait intérieurement : Pourquoi n'irais-je pas? N'ai-je point promis à Mariette d'aller lui rendre compte de la mission que j'ai acceptée? Et puisque tout semble terminé comme elle l'avait espéré, ne vaut-il pas mieux qu'elle le sache, pour en faire le point de départ de sa conduite future?

Il avait tellement pressé sa marche, qu'en moins de

deux minutes il arrivait devant la maison de Mariette, qui demeurait, du reste, à peu de distance de la Charité. — Mⁿᵉ Mariette, est-elle chez elle? demanda-t-il au concierge.

— Elle est sortie, répondit celui-ci.

Cette réponse causa à Claude un vif désappointement. — Après tout, se dit-il en lui-même, il n'est pas absolument nécessaire que je la voie; je lui écrirai pour lui apprendre le résultat de mon entrevue avec Fernand. — Néanmoins, il s'éloignait avec un regret qu'il s'efforçait de se dissimuler, lorsque la femme du concierge courut après lui :

— Excusez-nous, monsieur, lui dit-elle : mon mari s'est trompé, Mⁿᵉ Mariette est chez elle.

Cette réponse causa au jeune homme un sentiment de plaisir aussi vif que l'avait été son mouvement de dépit en apprenant l'absence de Mariette. Il monta rapidement l'escalier. la clef était sur la porte; mais, par discrétion, il s'annonça par deux coups légers.

— Entrez, répondit-on de l'intérieur.

Lorsque Claude entra dans la chambre, Mariette était assise auprès d'un guéridon ; un énorme bouquet était posé devant elle, et elle s'occupait à couper avec des ciseaux la tige de chaque fleur, qu'elle plaçait ensuite dans un vase rempli d'eau. — Asseyez-vous, dit-elle à Claude sans se déranger et sans presque lever les yeux sur lui.

Ce serait peut-être ici le moment de tracer le portrait de la bizarre et charmante fille que Claude venait de surprendre dans une si gracieuse attitude. J'en suis bien fâché pour les amoureux des types grêles qui n'aiment que les roseaux vivants et se plaisent à comparer leurs maîtresses aux plantes blanches et longues, comme si leur amour n'était que de la botanique : — Mariette n'était point maigre ni pâle; c'était véritablement une bien belle fille et une vraie femme. Un statuaire eût admiré les proportions de son ensemble et la magnificence de son buste, solidement assis sur des hanches faisant une saillie décente. Ses mains n'étaient point d'albatre; elles étaient de chair fraiche et vivante, d'une blancheur possible, rompue par un réseau de petites veines où l'on sentait courir un sang vif et fluide. Je n'affirmerais point qu'elle eût couru sur les blés sans en courber la cime, comme la Camille du poête; mais à coup sûr l'empreinte de ses pieds n'eut point effrayé Robinson dans son île. sa démarche n'était point de celles qui révèlent aux flaneur que la femme qui passe devant lui en faisant bruire les plis de sa robe de soie est venue au monde dans un lange de toile bise. Quand le hasard l'amenait dans les beaux quartiers, on regardait passer Mariette, et si on la suivait, ce n'était que du regard : on ne la poursuivait pas. Rue de la Harpe ou rue Dauphine, sur son terrain même, le *sans-gêne* proverbial des étudiants se tempérait de formes polies quand ils l'abordaient, et elle était peut-être, dans ce quartier, la seule femme qui leur rappelât de temps en temps que leur chapeau n'était pas cloué sur leur tête. Au bal, où sa présence faisait faire *recette*, comme on dit en terme de coulisses, sa manière de danser ne participait point du tour de force; elle dansait pour son plaisir, et non point pour celui d'un cercle de badauds blasés, comme en rassemblent autour d'elles telles et telles célébrités ridicules dont la chorégraphie semble un programme de libertinage. — Non point, cependant, que Mariette fût ce qu'on appelle une bégueule ; c'était, au contraire, une franche épicurienne, qui s'efforçait de ramener parmi les jeunes gens au milieu desquels elle vivait les traditions, oubliées par eux, de cette galanterie où, sans que le plaisir y perdît rien, l'esprit pouvait toujours gagner quelque chose. Elle était charmante dans un souper, et plus charmante après, disaient les indiscrets. Pas une ne savait mieux qu'elle choisir la chanson qui mettait les convives en gaieté, pourvu toutefois que ce ne fût point une de ces abominables gravelures comme en produit l'accouplement d'une ivresse brutale avec l'argot des bouges; refrains honteux, qui sont pourtant populaires, et que je n'ai jamais pu entendre sur les lèvres d'une femme, sans me rappeler cette fille de roi ensorcelée par une fée bancale, et condamnée à ne pouvoir ouvrir la bouche pour parler, sans qu'on en vît sortir des scorpions, des crapauds et autres bêtes vilaines. Mariette parlait un langage tour à tour naïf et maniéré, semé d'aphorismes qui eussent fait songer un philosophe. Pas une ne savait, avec plus de retenue provocatrice, mêler les subtiles flammes du désir au vin qu'elle versait à la ronde, en faisant, pour la satisfaction des érudits, des citations d'Anacréon en pur grec du Portique. Elle devait cette petite science à un poëte païen dont elle fut la muse quelque temps, et qui avait la manie de faire baigner ses maîtresses dans l'Eurotas. Mariette avait une jolie figure; la couche du hâle parisien n'avait point effacé entièrement le teint de son visage, dont les belles couleurs avaient fait pendant quelques mois l'admiration de tous les habitués de *la Bonne Cave;* mais sa physionomie, qui d'ordinaire était avenante et douce, variait selon les sentiments qui l'agitaient, et prenait quelquefois une expression d'énergie qui faisait douter si c'était véritablement la même femme qu'on avait vue un instant auparavant. Quand elle était dant ses heures de mélancolie, elle avait des attitudes penchées et des sourires pensifs qui rappelaient la Mignon regrettant ses orangers. Tout cela était peut-être un peu étudié, mais ne manquait point de charmes auxquels les plus indifférents souhaitaient intérieurement pouvoir se laisser prendre. Sa chevelure était magnifique, et ses deux mains avaient peine à tordre les nattes lourdes dans lesquelles le peigne entrait ses dents, comme dans une chair grasse. Son coiffeur trouvait cette chevelure tellement admirable, qu'il lui fit crédit pendant fort longtemps, pour ne point renoncer à ce qu'il appelait l'honneur de soigner cette belle tête. Depuis l'aventure qui lui était arrivé au temps d'Édouard, elle avait les parfums en horreur. Elle ignorait donc les poudres, les pâtes, les onguents et toutes les productions chimiques qui, souvent, font qu'on sent approcher certaines femmes avant de les voir. Elle estimait que la meilleure odeur était celle de la jeunesse dans un corps sain, — et elle avait peut-être raison; — une femme est une femme; — les roses mettent point d'eau de Cologne. Le matin où

Claude vint la trouver, elle était vêtue d'un joli négligé printanier; ses cheveux étaient si bien lissés sur son front, qu'on eût dit une plaque d'acier sur laquelle courait un rayon lumineux; des manches flottantes de son peignoir sortaient ses beaux bras, dont la blancheur mate était mise en valeur par de petits bracelets formés d'un ruban de velours noir serré au poignet. Elle paraissait en belle humeur et pas le moins du monde préoccupée de la réponse que Claude venait lui apporter. Attendant peut-être qu'il parlât le premier, elle continuait l'arrangement de ses fleurs sans prendre garde au jeune homme, qui se tenait debout, les mains sur le dossier de la chaise, dans une attitude très-embarrassée.

— Voulez-vous que je vous embaume? dit tout à coup Mariette, et relevant les yeux sur Claude, elle lui offrit un œillet. Approchez-vous, dit-elle, je vais le mettre à votre boutonnière.

Claude hésita un instant; mais il songea qu'un refus serait une grossièreté, et il se laissa faire. — Je vous fais chevalier de l'ordre du printemps, ajouta la jeune fille en riant. Et se penchant pour mettre la fleur à sa boutonnière: — Eh bien! dit-elle en restant un moment dans cette position qui mettait son visage à une distance si rapprochée de celui du jeune homme, quand on fait un chevalier, l'usage est de donner l'accolade; est-ce que vous ignorez les usages?

Claude avait hésité à prendre la fleur, mais l'offre non équivoque de ce baiser si gentiment quémandé le fit plus qu'hésiter, elle le remplit de confusion. Il devint subitement plus rouge que la fleur dont Mariette semblait lui demander le payement en une monnaie dont un jeune homme n'est point ordinairement avare, quand c'est la joue d'une jolie fille qui fait la quête. Cette familiarité paraissait étrange à Claude, et surtout dans les circonstances où il se présentait. Il ne devina point que ce n'était de la part de Mariette qu'un pur enfantillage, et qu'elle n'avait d'autre arrière-pensée que de le taquiner un peu. Il se décida à faire semblant de n'avoir pas compris et détourna brusquement la tête en se félicitant de son action, qu'il considérait comme héroïque; car en lui-même il ne se dissimulait pas qu'il avait dû lutter contre le furieux aimant qui semblait malgré lui attirer ses lèvres sur ce charmant visage, et encore n'était-il pas bien sûr que le baiser n'y fût pas allé tout seul. En tout cas, Mariette ne le tint pas pour reçu, et, relevant la tête avec un air étonné et dépité, elle se regarda, en jouant une maligne inquiétude, dans la petite glace d'une boîte à ouvrage ouverte devant elle.

— Eh bien! ma pauvre fille, murmura-t-elle avec un demi-sourire, et comme si elle se parlait à elle-même, il paraît que tu es devenue laide à faire peur, ou bien c'est qu'il y a des gens qui ne s'y connaissent pas. — C'est pour vous que je dis cela, ajouta-t-elle en regardant fixement Claude; mais je comprends, vous vous êtes sans doute réconcilié avec votre maîtresse? — Et Mariette se remit à ses fleurs.

— Certainement, répliqua Claude d'un ton bourru; n'est-ce pas vous qui me l'avez conseillé?

— Sans doute, et c'est plaisir de vous donner des conseils, puisque vous les suivez si vite et si bien! Et quand l'avez-vous revue? Est-ce hier soir?...

— Oui, c'est hier en effet, répondit Claude avec l'accent impatienté d'un homme qui aurait souhaité parler d'autre chose; mais Mariette, qui devinait son impatience, semblait prendre plaisir à la prolonger.

— A propos, reprit-elle, qu'est-ce que vous aviez donc hier? J'ai cru un moment que vous alliez me demander la permission de m'enfermer à clef chez moi!

— En tout cas, dit Claude brusquement, vous ne me l'eussiez pas donnée.

— C'est probable.

— Et vous aviez vos raisons pour cela, continua le jeune homme en s'animant peu à peu.

Mariette appuya sa tête sur son coude et regarda l'étudiant en face.

— Qu'est-ce que vous me chantez là? dit-elle.

— Je dis, reprit Claude, que vous aviez vos raisons pour ne pas rester enfermée.

— Ne suis-je donc pas libre de sortir de chez moi quand il me plaît, et d'aller où il me plaît?

— Au bal, par exemple?

— Au bal ou ailleurs, répliqua Mariette tranquillement.

— Vous avouez donc que vous y êtes allée! s'écria Claude avec une vivacité qui parut surprendre Mariette.

— C'est vrai, dit-elle, j'ai été au bal hier; mais comment l'avez-vous su? Vous avez donc une police à vos ordres?

— Je l'ai su, dit Claude, et, puisque vous l'avouez, on ne m'avait pas trompé.

— Eh bien! fit Mariette, qu'est-ce que cela vous fait au surplus?

Claude avait espéré un moment que Mariette le démentirait, ou qu'elle tenterait de se justifier; mais son sang-froid l'irrita. — Cela ne me fait rien, dit-il. Et que voulez-vous que cela me fasse? Vos actions ne me regardent pas.

— Il paraît que si, puisque vous y prenez garde.

— Je n'y prends point garde.

— Vous me faites presque des reproches.

— Je ne vous fais pas de reproches. Seulement, puisque vous n'aviez pas l'intention de tenir votre promesse, il était plus simple de ne point promettre.

— Que voulez-vous? reprit Mariette. On s'engage quelquefois étourdiment, et puis cela paraissait vous faire plaisir, que je n'allasse point dans cet endroit.

— Quel plaisir vouliez-vous que cela pût me faire? murmura Claude d'un ton indifférent.

— Eh bien! alors pourquoi me l'aviez-vous demandé, et pourquoi me faites-vous la moue?

— Mais, reprit Claude en éludant la question, quelle idée vous a prise d'aller à ce bal? Quel motif si impérieux vous y attirait... si tard?...

— C'est bien simple, dit Mariette en observant le jeune homme, qui venait de s'asseoir auprès d'elle. En rentrant hier, j'ai trouvé sur mon lit une robe neuve que ma couturière m'avait apportée pendant mon absence. J'ai voulu l'essayer; elle m'allait à ravir : quand je me suis vue dans la glace, je n'ai pas pu résister au désir d'aller faire voir comme j'étais belle, et au plaisir de faire enrager un peu Estelle et Maria, qui font tant leurs embarras à cause de leurs méchants volants en dentelle de coton. J'ai mis mon chapeau et j'ai couru au bal ; je suis arrivée à temps pour la dernière polka... J'ai eu un succès d'enfer... Estelle et Maria étaient vertes comme des feuilles.

— Et c'est pour si peu que vous avez manqué à votre parole? dit Claude.

— Tiens ! s'écria Mariette, faire crever de jalousie deux amies, vous appelez cela peu de chose, vous ! Mais à propos, interrompit la jeune fille, je suis encore bien bonne de vous répondre, moi ! Qu'est-ce que ce métier d'inquisiteur que vous faites ? Êtes-vous comme cela avec votre maîtresse ?

— Ma maîtresse n'est point coquette ; c'est...

— Ne me faites point le détail de ses perfections, interrompit Mariette sans pitié pour Claude et comme fatiguée de la réserve qu'elle s'était imposée la veille. C'est une fille sage et modeste, qui a des engelures aux mains pendant l'hiver, un pot de réséda sur sa fenêtre durant l'été, et qui ne met pas de cachemire, parce qu'elle n'en a pas.

— Au moins elle m'est fidèle.

— C'est qu'elle est laide à faire casser son miroir.

— Elle est très-jolie, au contraire.

— Alors, ma foi, ce n'est pas une femme, c'est un objet d'art.

— Et j'en suis très-amoureux, ajouta Claude.

— Ce n'est point vrai, répliqua Mariette en achevant d'effeuiller une marguerite qu'elle avait prise dans son bouquet, vous n'en êtes pas amoureux du tout : c'est le dernier mot de la marguerite.

— Vous croyez encore à cela? fit Claude embarrassé.

— Toujours. Et vous, vous n'y croyez plus ?

— Ce sont des niaiseries.

— Vous dites cela maintenant que vous êtes un grand monsieur de Paris; mais, quand vous étiez un petit garçon de la campagne, vous n'étiez pas si incrédule ; je me rappelle bien vous avoir vu jadis questionner les sorcières des champs, et si elles vous répondaient non, vous poussiez de gros soupirs qui faisaient bien rire quelqu'un dont j'ai précisément le portrait ici.

— Où cela? fit Claude naïvement.

— Là, dans mon miroir, ajouta Mariette en se retournant vers la glace de sa cheminée.

— C'est bien loin de nous, ce temps-là ! — dit au bout d'un instant Claude, dont l'attitude devenait de plus en plus embarrassée. Il y eut quelques minutes de silence entre les deux jeunes gens. Mariette s'était remise à ses fleurs, et ne levait pas les yeux. Claude regardait vaguement autour de lui.

— C'est là cette belle robe qui vous a fait oublier votre parole hier au soir? dit-il tout à coup en désignant une robe jetée négligemment sur un fauteuil.

— Oui, dit Mariette. Est-elle à votre goût?

— Je ne m'y connais pas. — Mais, reprit Claude après un nouveau silence, comment se fait-il que vous puissiez chercher du plaisir quand vous savez qu'il y a un être dans la peine à cause de vous ?

Mariette tressaillit et releva la tête. — C'est vrai, dit-elle lentement, et vos paroles me font songer que vous êtes venu ici pour me parler d'une autre personne. Je ne sais pas comment cela se fait, je n'y pensais plus, et vous non plus, au reste, ajouta jeune fille.

— C'est vrai, dit Claude ; nous avons parlé d'autre chose.

— Nous avons parlé de nous, répliqua Mariette, et rien que de nous ! Eh bien ! comment avez-vous trouvé Fernand ? ajouta-t-elle avec un air d'intérêt véritable.

— Mal, dit Claude, et la nouvelle de votre présence à ce bal hier au soir avait contribué à rendre son état plus inquiétant.

— Pourquoi le lui avez-vous dit alors ? s'écria Mariette.

— C'est lui, au contraire, qui me l'a appris, répondit Claude.

Et il raconta à la jeune fille tout ce qui s'était passé le matin entre lui et le malade. Quand il eut achevé, il aperçut quelques larmes couler sur les joues de Mariette.

— Mais quelle étrange fille êtes-vous donc? s'écria Claude. Quoi ! vous pleurez, et vous m'avez chargé de porter à ce jeune homme une nouvelle qui pouvait le faire mourir de douleur ! vous pleurez, et vous n'avez jamais eu la moindre pitié pour lui ! vous pleurez, et vous ne pouvez pas lui faire le sacrifice d'une satisfaction de vanité ou d'un quart d'heure de plaisir ! Où les larmes que je vous vois répandre prennent-elles donc leur source? Serait-ce dans le regret que vous éprouvez en apprenant que la nouvelle de votre trahison a produit sur Fernand l'effet que vous vouliez produire? Votre mensonge a réussi, Mariette : à cette heure, Fernand a pour vous tout le mépris que vous souhaitiez lui voir, et si vous l'aviez entendu l'exprimer comme je l'ai entendu moi-même, vous en seriez certainement convaincue. Est-ce pour cela que vous pleurez?

— Vous ne me comprenez pas, dit Mariette, et vous ne connaissez pas Fernand. Ce qu'il souffre à cette heure doit être horrible, et si je ne le savais pas surveillé, j'aurais des inquiétudes. C'est la pensée de sa souffrance qui cause mes larmes. Je ne suis point barbare comme vous le pensez. Pauvre Fernand! Dieu veuille qu'il persévère dans son mépris! Dieu veuille qu'il m'oublie et qu'il me pardonne! Moi, je n'oublierai pas son dévouement ni mon ingratitude, et ce souvenir sera longtemps mon châtiment. Mais, après tout, s'écria Mariette, dont le visage prit une soudaine expression de violence, pourquoi m'apitoyer? Ce que Fernand a souffert avec moi, ne l'avais-je pas autrefois souffert avec un autre? N'est-ce pas la peine du talion, en amour, appliquée par une destinée aveugle? Je ne l'ai point choisi, c'est lui qui est venu à moi. Suis-je donc coupable, et n'est-ce pas plutôt le hasard? D'ailleurs, je l'ai aimé tant et aussi longtemps que je l'ai pu. Pourquoi, lorsqu'il avait prise sur mon cœur, s'est-il reposé avec une sécurité aussi téméraire sur un amour qui voulait être gardé à vue ? Pourquoi m'a-t-il crue une autre femme que ce que j'étais réellement ? Me suis-je parée de vertus absentes pour le séduire ? Non, il peut m'accuser de tout, hormis d'hypocrisie : je ne lui ai point demandé qu'il me fît l'honneur d'une passion de roman dont je me savais parfaitement indigne. C'est la manie de certains très-jeunes gens de prendre pour une Marion la femme la plus vulgaire, et de vouloir lui refaire une virginité Cette pensée que tous les cœurs enthousiastes et naïfs adoptent pour devise est de la poésie, mais rien que de la poésie. On ne refait pas ce que Dieu lui-même serait impuissant à recréer. Le cœur d'une fille comme nous autres ressemble à une hôtellerie mal famée, où le passant honnête qui s'y aventure par hasard attire sur lui toutes les railleries des hôtes ordinaires. Quand un bon sentiment nous vient au cœur, les mauvaises passions maîtresses du logis l'en chassent bien vite.

A mesure qu'elle évoquait ainsi les souvenirs de sa liaison avec Fernand, Mariette se sentait entraînée à compléter par de nouvelles confidences celles qui déjà, la veille, avaient porté le trouble dans l'âme de Claude Bertolin. Seulement elle ne s'accusait plus, elle s'interrogeait tout haut, elle semblait se parler à elle-même plutôt qu'à Claude. — Et d'ailleurs, reprit-elle, Fernand était-il bien l'être qui aurait pu ranimer en moi tout ce que le désordre, la paresse et pis encore y avaient détruit ? Il a souffert et souffre encore sans doute à cause de son amour pour moi ; mais n'ai-je pas moi-même souffert autant que lui, sinon plus ? Entre deux êtres, dont l'un est aimé par l'autre, qui ne l'aime pas, croyez-vous que tout le mal soit pour celui qui aime ? Celui-là qui ne peut rendre l'amour dont il est l'objet n'éprouve-t-il pas une douleur aussi grande que celui qui ne peut obtenir l'amour qu'il demande ? Au milieu de son chagrin, le premier a du moins la consolation de sentir quelque chose de vivant s'agiter dans son cœur ; mais celui qui met la main sur son cœur et qui le sent froid comme la pierre d'un tombeau, le pensez-vous exempt d'angoisses, et n'est-ce point un pénible état que de se survivre à soi-même ? Ah ! que de fois me suis-je sentie dévorée d'envie en voyant souffrir et gémir ce pâle jeune homme, et que n'aurais-je pas donné pour partager la moitié de ses douleurs ! Moi aussi j'ai eu mon martyre, et la vie que j'ai menée avec Fernand était le plus souvent intolérable ! Tous les jours, avec ou sans motif, j'avais à subir une scène de jalousie, et quelle jalousie encore ! La pire espèce : une tempête de soupirs sur un ruisseau de larmes, un reproche monotone et placide ; jamais l'attaque vive qui permet la riposte. Il n'y avait rien à dire, il fallait se taire. Ah ! combien m'a-t-il impatientée, ce Bartholo élégiaque dont le pas était toujours sur mes talons, et qui savait me trouver, les yeux bandés, en quelque endroit que je fusse ! On eût dit véritablement que le hasard s'était mis comme un alguazil au service de sa jalousie ; c'est au point qu'il m'est arrivé dix fois pour une de le tromper, uniquement pour voir s'il ne me serait pas possible de faire perdre la piste à cette défiance magique, qui avait le flair du plus fin limier. C'était, entre ses soupçons et mes ruses pour les déjouer, une lutte où Fernand a toujours été le vainqueur. Et cependant rien n'a pu lasser cet amour où l'imbécillité se mêlait à l'héroïsme. Un beau jour, il voulut prendre une grande résolution, et tenta, pour savoir si je l'aimais ou non, l'expérience suivante : à cette époque, il était venu loger chez moi ; il m'écrivit une lettre dans laquelle il m'annonçait très-durement qu'il fallait en finir et qu'il allait me quitter ; puis il alla se cacher sur une terrasse qui était de plain-pied avec ma chambre, attendant mon retour pour épier l'impression que me causerait sa lettre. Je rentrai très-tard, bien après minuit, et je fus d'abord assez surprise de ne point trouver Fernand. Son billet me tomba sous les yeux ; j'en pris lecture, et le jetai froidement dans les cendres. Fernand, qui me guettait sans que je le susse si près de moi, dut voir avec quelle indifférence j'accueillais sa rupture ; mais ce ne fut pas tout. Me croyant libre, je me disposai à retourner d'où je venais ; rien n'était plus net et plus précis, ce me semble. Cependant, comme j'ouvrais la porte pour m'en aller, Fernand sortit de sa cachette, se roula à mes pieds, et me demanda pardon de ce qu'il avait fait. Et dix aventures du même genre ! Quand on aime une femme indigne de soi, et qu'on se sent trop faible pour la quitter, on a le courage de sa faiblesse : on se fait aveugle et sourd ; c'est ce que Fernand aurait dû faire : il se fût épargné bien du chagrin, et à moi bien de l'ennui, sans compter le remords qu'on éprouve toujours en voyant qu'on fait le malheur de quelqu'un. C'est fini, dites-vous : c'est mon vœu le plus cher. J'embrasserai Fernand de bien bon cœur n'ayant pour moi qu'une indifférence sincère, qui lui permettra de me serrer la main sans avoir la fièvre. Je ne me fie pas du tout à sa haine et à son mépris : car au fond de ces sentiments-là, qui sont comme la lie que dépose l'amour, il reste toujours quelque chose qui est de l'amour encore.

Mariette, qui tout en parlant s'était promenée à grands pas dans la chambre, vint, quand elle eut achevé, se rasseoir auprès de Claude, qui l'avait silencieusement écoutée.

— Eh bien ! lui demanda-t-il, maintenant que vous voilà libre tout à fait, qu'allez-vous faire ?

— Que voulez-vous que je fasse ? répondit-elle. Mon chemin est tout tracé ; je n'ai qu'à le suivre : c'est tout droit, et au bout....

— Au bout ! fit Claude avec quelque inquiétude, eh bien ?

— Dame, répondit la jeune fille, quand j'aurai vécu encore une dizaine d'années de cette vie-là, il est probable que je ne serai pas loin de la fin. Notre existence, à nous autres, est un roman banal pour lequel la destinée a toujours le même dénoûment, la misère dans la honte et la mort dans l'oubli. Un réchaud de charbon dans un grenier, ou les dalles de l'École pratique.

Un frisson d'épouvante fit tressaillir Claude en écoutant cette belle créature évoquer aussi tranquillement la lugubre image de son avenir.

— Et vous ne tenterez rien pour sortir de cette route périlleuse? vous savez quel abîme est au bout, et vous continuerez votre chemin? lui dit-il.

Mariette fit un geste de résignation.

— Écoutez-moi, reprit Claude en essayant de lui prendre la main ; mais la jeune fille la retira doucement et lui répondit:

— Je sais ce que vous allez me dire, du moins je crois le deviner. Par un sentiment qui indique un cœur humain, vous souhaiteriez me voir renoncer à cette existence où je ne sais pas la veille le nom de l'amant du lendemain, où je ne sais plus le lendemain le nom de l'amant de la veille. Mon avenir paraît vous effrayer plus qu'il ne m'inquiète moi-même, car aujourd'hui je mets en pratique les maximes d'indifférence qu'Édouard me conseillait jadis en me disant : Ne regarde jamais devant toi plus loin que le lendemain. Cette existence est horrible, je le sais... ce n'est pas par goût que j'y veux rester, mais c'est à cause des efforts qu'il me faudrait tenter pour en sortir. D'ailleurs, j'ai derrière moi un passé que personne ne pourra jamais oublier et que je n'oublierai jamais moi-même, c'est le rocher de Sisyphe qui me retombera toujours sur la tête. Il est trop tard, je ne suis plus maîtresse de ma destinée. Le courant qui m'emporte est plus fort que tout, il faut que je m'y abandonne.

— Mais si l'on essayait de vous arracher à ce courant? fit Claude.

— Ce serait inutile, répondit Mariette; celui qui le tenterait courrait le risque de se perdre lui-même et ne me sauverait pas. Voyez Fernand!...

— Fernand était votre amant.

— Eh bien! reprit Mariette, quel autre qu'un amant tenterait ce que vous dites?

— Ce pourrait être un homme qui vous aimerait assez pour n'avoir point d'amour pour vous.

— Quel nom donnez-vous à ce sentiment-là? dit Mariette en regardant Claude avec curiosité.

— Vous l'appellerez comme il vous plaira, répondit le jeune homme. Pensez-vous qu'il existe?

— C'est selon; mais en tous cas je ne m'y fierais point.

— Pourquoi?

— J'ai assez d'expérience acquise, répondit Mariette, pour apprécier ce que valent ces sortes de sentiments neutres. Les sympathies vagues finissent ordinairement par se préciser dans une passion absolue. D'ailleurs la vanité d'une femme, et d'une femme comme moi surtout, aurait de la peine à se persuader que le dévouement qu'elle exciterait pourrait rester longtemps désintéressé, et il est probable que tôt ou tard l'homme qui aurait entrepris cette tâche dont vous parlez me poserait des conditions ou du moins me les laisserait deviner.

— Quelles conditions? fit Claude préoccupé.

— Ah! répondit Mariette, vous m'avez bien comprise : je veux dire que dans un temps donné cet homme-là voudrait être mon amant.

— Mais, continua Claude, si c'était un homme si peu semblable aux autres qu'il lui fût impossible d'aimer une femme qui vous eût ressemblé?

— Encore une fois, quel sentiment le guiderait alors? fit la jeune fille en rougissant légèrement. Si, à défaut d'un amour sérieux que je n'accepterai plus de personne, l'homme dont vous parlez était même exempt de désir, il froisserait peut-être ma vanité; mais, en s'intéressant à moi par pitié seulement, il froisserait à coup sûr ma fierté. Ce ne serait ni un ami ni un amant; ce serait quelque chose comme un philanthrope, et je le refuserais. Si vous connaissez cet homme-là, vous pouvez le lui dire, acheva Mariette en relevant la tête devant Claude.

— Vous venez de lui parler vous-même, répondit celui-ci, et ayant remarqué un sourire sur les lèvres de Mariette, Claude ajouta : — Vous l'aviez deviné sans doute. Eh bien ! oui, cet homme-là, c'est moi. Vous connaissant comme je vous connais, par vous-même, et sachant que vous êtes désormais incapable d'amour comme je le comprends, vous auriez pu vous fier à moi sans craindre que je vous imposasse des conditions, du moins de celles dont vous parliez tout à l'heure.

— D'ailleurs, vous avez une maîtresse, continua Mariette avec le même sourire.

— Quant à votre fierté, à qui toute pitié répugne, reprit le jeune homme avec un ton presque dédaigneux, je regrette de vous entendre parler de ce sentiment ; vous avez perdu le droit de l'invoquer : la fierté est la pudeur de l'infortune ; mais, dans la situation où vous êtes et de laquelle vous ne voulez point sortir, la fierté est presque du cynisme.

— Voilà de belles paroles, dit Mariette froidement, mais où cela mène-t-il? Que puis-je entendre à toutes ces subtilités? En vérité, vous m'embarrassez beaucoup ; mettez-vous un instant à ma place, et supposez qu'on vous parlât comme vous venez de le faire : quelle serait votre pensée ? A quoi voulez-vous qu'une femme dans ma position attribue l'intérêt que vous lui portez ? La confession franche, mettons même cynique, puisque le mot vous plaît, que je vous ai faite, les scènes pénibles auxquelles vous avez assisté, n'ont pas dû, je le comprends, vous donner de moi une idée bien haute : comment expliquer alors cette sympathie sans nom que vous éprouvez pour une femme qu'avec vos principes il vous est impossible d'estimer ? Que suis-je pour vous ? Une étrangère.

— Ah ! fit Claude, vous avez été jadis la compagne de mon enfance ; vous êtes la fille d'un homme qui m'a sauvé la vie.

— Soit, dit Mariette, cela peut au besoin passer pour une raison de reconnaissance ; mais véritablement, est-ce l'unique raison qui vous guide ? Réfléchissez ; cherchez dans votre esprit ou cherchez ailleurs, ajouta la jeune fille en soulignant pour ainsi dire le mot par l'accent singulier avec lequel elle le lança.

Claude resta silencieux ; Mariette reprit : — Vous ne trouvez pas ? Alors voulez-vous me laisser chercher pour vous ? peut-être serai-je plus habile. Vous êtes jeune, monsieur Claude.

— J'ai vingt ans, répondit celui-ci.

— Ce n'est point cela que je veux dire, reprit Mariette. Moi aussi, je n'ai guère plus de vingt ans, et de ma jeunesse il ne reste plus que les apparences. Je voulais dire que vous aviez peu l'expérience de certains sentiments, l'amour, par exemple. Vous avez une maîtresse, me dites-vous; mais cela ne prouve rien : les étudiants ont une maîtresse avant d'avoir un code; ils l'aiment ou ils ne l'aiment pas; le plus souvent c'est une fantaisie, ce qui vaut le mieux; quelquefois c'est une passion, ce qui est pis : voyez plutôt Fernand. Êtes-vous sûr d'aimer votre maîtresse, vous, monsieur Claude?

L'espèce d'obstination avec laquelle Mariette revenait à ce sujet impatienta le neveu du curé. — Ne me parlez plus de cela, dit-il. Je vous ai menti hier : je n'ai point de maîtresse et n'en veux point avoir.

— J'ignore pourquoi vous m'avez menti hier, dit Mariette.

— Je ne voulais point vous paraître un niais.

— Il n'y a point de niaiserie là-dedans, répondit Mariette.

— A vos yeux, cela pouvait en être une.

— Eh bien! en l'admettant, en quoi cela pouvait-il vous toucher? que vous importait mon opinion?

Valait-elle qu'on lui fît l'honneur d'un mensonge... assez compliqué... ajouta la jeune fille, puisque tout à l'heure vous m'avez dit que vous étiez réconcilié avec cette maîtresse de votre imagination, puisque vous aviez même entrepris la statistique de ses vertus? Qu'est-ce que toutes ces diplomaties... de mensonges et de démentis? Qui m'assure que ce n'est pas maintenant que vous mentez en désavouant cette maîtresse?

— Ah! je vous jure!... s'écria Claude.

— Pourquoi la solennité de ce serment? continua Mariette impitoyable.

— C'est pour vous convaincre.

— Et que voulez-vous faire de ma conviction?

A cette réponse posée devant lui comme un point d'interrogation, Claude ne put s'empêcher de rougir. Il sentit cette rougeur qui lui couvrait le visage, et son embarras ne fit que redoubler. Il chercha une réponse dans son esprit, mais il n'y trouva que le trouble où l'avaient jeté les paroles de Mariette. Celle-ci le tenait sous son regard et riait toujours de ce même sourire un peu railleur. Claude, ne sachant que dire, employa la ressource des gens timides, il fut impertinent et crut se tirer d'affaire en répondant aigrement : — Il n'y a qu'une fille comme vous qui puisse trouver du ridicule à ce qu'un jeune homme se tienne à l'écart des mauvaises liaisons.

— Qui vous parle de cela? répondit Mariette sans paraître offensée. Vous me trouvez étrange, mais vous êtes assez singulier vous-même : vous vous efforcez de me convaincre d'une chose, parce que vous supposez qu'elle ne m'est pas indifférente, en quoi votre supposition a bien tort, par parenthèse ; je vous demande la raison de votre insistance ; vous ne voulez pas la donner, parce que vous craignez d'en dire trop long. Vous êtes libre; cela ne m'empêcherait pas de deviner, si je voulais deviner. Mais, ajouta-t-elle en prenant la main de Claude, un conseil pour l'avenir : quand vous ne voudrez pas qu'on voie votre jeu, cachez donc mieux vos cartes.

— Je ne comprends pas, fit Claude, réellement déconcerté par ces façons de langage.

— Voulez-vous un dictionnaire ? dit Mariette.

— Je vous assure que je ne sais pas,... balbutia Claude de plus en plus embarrassé ; je ne sais pas ce que vous voulez dire.

— Quelle innocence! s'écria Mariette en frappant dans ses mains; dirait-on pas Chérubin? Gageons que vous cachez quelque part les rubans de la comtesse! Décidément, reprit-elle, vous ne voulez point parler; une fois, deux fois, non? Eh bien! soit; d'ailleurs vos paroles ne m'apprendraient rien que ne sache déjà.

— Que savez-vous? fit Claude vraiment inquiet.

— Au fait, reprit Mariette à voix basse, vous n'en savez peut-être rien vous-même, de ce que je sais. Eh bien! si vous l'apprenez, ne me le dites pas; d'ailleurs il serait trop tard, car avant peu je ne pourrais plus vous entendre. Sans vous en douter, monsieur Claude, vous venez de me faire une visite d'adieu.

— D'adieu! s'écria le jeune homme frappé par ce mot.

— Oui, répliqua Mariette, je pars pour quelque temps. Fernand sera sans doute bientôt guéri; j'aime autant qu'il ne me rencontre pas. S'il apprenait le mensonge que j'ai inventé pour le débarrasser de moi, il redeviendrait plus amoureux que jamais, ce dont Dieu le préserve, et moi aussi! Dans un mois, et peut-être auparavant, Fernand ira en vacances, et 'oubliera au milieu de sa famille, qu'il n'a point depuis longtemps à cause de moi; quand je le ai loin de Paris, j'y reviendrai.

— Mais où irez-vous?... demanda Claude.

— J'ai à Dieppe un ancienne amie qui est allée

prendre les bains; elle est avec le comte de G... Ils m'ont invitée à aller passer quelques jours avec eux; j'irai les joindre.

— C'est loin, Dieppe? demanda Claude machinalement.

— Assez loin, répondit Mariette sur le même ton; mais on y arrive.

— Alors je vous souhaite un bon voyage.

— Merci, dit la jeune fille.

— Et quand partez-vous? demanda Caude.

— Le plus tôt possible; d'ailleurs, ayant rompu définitivement avec Fernand, je ne puis plus rester dans sa chambre; il faut même que je m'inquiète d'en trouver une pour deux ou trois jours.

— Mais, si j'avais à vous parler, reprit Claude, où vous trouverais-je donc alors?

— Qu'auriez-vous à me dire? Parlez tout de suite, fit Mariette.

— Je veux dire que j'aurai peut-être à vous parler de la part de Fernand, que je reverrai demain.

— Fernand ignore que vous m'avez vue, et que vous pouvez me voir, puisque vous êtes censé ne m'avoir pas trouvée ici; et puis, je vous le répète, c'est fini entre lui et moi, et je vous remercie, avant de nous séparer, de m'avoir aidée dans cette rupture.

— Allons, dit Claude avec un effort, adieu.

— Adieu, fit Mariette en se levant comme pour le reconduire.

Quand ils furent près de la porte, Claude se retourna et voulut prendre la main de Mariette.

— Non, ce n'est point la peine, lui dit-elle.

— Pourquoi? fit Claude fâché, c'est l'usage quand on se quitte entre amis.

— Sommes-nous des amis?

— Je l'avais espéré.

— Non, répliqua Mariette, restons des inconnus l'un pour l'autre, cela vaudra mieux.

— Et vous ne voulez pas me donner la main? insista Claude.

— Je me souviens d'hier, vous serrez trop fort.

Avant qu'elle eût pu s'en défendre, Claude s'était emparé de sa main; il allait la porter à ses lèvres, lorsque Mariette la retira brusquement et lui dit avec sa petite moue railleuse :

— Non, vous avez refusé mieux ce matin; je n'aime pas les caprices, et je prends ma revanche.

Claude la salua et sortit rapidement.

En quittant Mariette, Claude ne voulut point rentrer chez lui ; il craignait de rapporter dans son intérieur, encore si calme avant sa rencontre avec cette jeune fille, le trouble qu'elle avait fait naître en lui depuis deux jours, et particulièrement dans cette dernière entrevue. Il marcha au hasard, sans direction arrêtée, et s'aperçut seulement qu'il avait quitté le pavé des rues lorsqu'il entendit crier sous ses pas le sable des allées du Luxembourg. Il était trois heures de l'après-midi, et ce jour-là véritablement on eût   à la suite d'un brusque cataclysme Paris avait été transporté sous le méridien de Calcutta : le jardin était presque désert et silencieux ; mais, en prêtant l'oreille, on aurait pu entendre le lion du Zodiaque rugir et bondir dans les plaines incendiées du ciel. Sur les murs et les toits du palais ruisselait une lumière incandescente dont l'éclat repoussait le regard, et les eaux du bassin semblaient un lac d'argent figé, où la blanche escadre des cygnes traçait à peine un léger sillage. Aucun souffle d'air ne traversait cette atmosphère embrasée à suffoquer une salamandre, et les feuillages immobiles rappelaient à l'imagination la forêt pétrifiée de la Belle au Bois-Dormant. Claude alla s'asseoir sous les marronniers d'où tombait une fraîcheur bienfaisante, et, avec l'inquiétude d'un homme qui, ayant le pressentiment d'une mauvaise nouvelle, n'ose pas ouvrir les lettres qu'on lui adresse, il hésita longtemps à regarder au fond de lui-même pour savoir ce qui s'y passait.

Un fait bizarre, peu croyable en apparence, et cependant accrédité dans l'esprit de bien des gens, c'est qu'il existe certaines épidémies qui se gagnent pour ainsi dire par la peur qu'on en a, ou par les soins que l'on prend pour les éviter. Il en est peut-être de même à l'égard de certaines passions auxquelles on succombe à son insu dans l'instant où l'on s'en croyait le plus éloigné. C'était à peu près ce qui était arrivé à Claude. Selon les caractères et les circonstances, les passions éclatent avec la rapidité du coup de foudre apoplectique, ou se révèlent avec une lenteur contenue qui déjoue la prudence de ceux qui veulent les repousser. Ainsi pendant cinq à six mois, et tant qu'il n'avait été menacé par aucun danger, puisqu'il vivait en dehors de toute relation, Claude avait fait bonne garde autour de lui-même ; mais sa vigilance, lassée par ce perpétuel état de qui vive, s'était laissé mettre en défaut au moment même où elle aurait dû être plus active. La première fois qu'un hasard, qu'il n'avait pu prévoir, lui avait fait retrouver Mariette, il s'était présenté chez elle avec les préventions que Fernand lui avait inspirées ; mais, au lieu d'une créature tout à fait vile, il avait vu une femme dont les manières et le langage modifièrent singulièrement l'idée qu'il s'était faite d'elle. A cela était venu se joindre ensuite l'intérêt qu'avait excité en lui l'histoire de la jeune fille. Nous avons fait connaître l'impression qu'elle lui avait causée : si, comme Mariette le lui avait dit, Claude avait eu plus d'expérience de certains sentiments, en découvrant la place que le souvenir et l'image de la jeune fille occupaient déjà dans sa pensée, il aurait compris sur-le-champ qu'il était temps de se défier de lui-même et d'elle-même; mais il en était déjà arrivé à raisonner avec ses scrupules. Comme nous l'avons vu faire, il imaginait que son intervention entre Mariette et Fernand était une occasion dont il devait tirer un utile profit d'enseignement, et si une voix lui demandait tout bas : N'est-ce point plutôt une occasion dont tu veux profiter pour revoir Mariette? il feignait de ne point entendre. Quant à ces agitations intérieures, qu'il ne pouvait nier, il les attribuait au contact des événements intimes auxquels il se trouvait mêlé, et se persuadait qu'il les verrait disparaître dès l'instant où sa mission serait achevée. Le sophisme lui était devenu subitement familier, et il s'en servait en toute circonstance pour se démontrer qu'il ne courait aucun danger, et qu'en agissant comme il le faisait, il ne s'éloignait point de la ligne de conduite qu'il s'était primitivement tracée. Les places les mieux défendues offrent toujours un point où la résistance a été négligée. Il n'est point de si solide muraille qui n'ait sa pierre tombée, et l'étroite fissure où l'hirondelle fait son nid peut, le jour du siége, devenir assez large pour laisser passer une armée entière. La forteresse de placidité derrière quelle Claude se croyait si bien en sûreté n'en ét plus même à sa première pierre tombée. Pendant qu'il essayait de se donner le change à lui-même, la brèche avait été ouverte, et la passion victorieuse avait pénétré dans la place rebelle.

Ce fut là ce que Claude découvrit dans son tête-à-tête avec lui-même, sous ces marronniers du Luxembourg où son cœur avait déjà une fois senti un vague éveil, où l'autre soir il s'était promené avec Mariette. Son orgueil se révolta d'abord à l'idée qu'il était amoureux de cette fille. Il essaya de douter encore. Il tenta de donner un autre nom au sentiment dont il subissait déjà l'oppression tyrannique; mais l'évidence lui répondait. Que faisait-il en effet, à cette heure, sur cette promenade déserte, le front brûlant, le cœur en émoi, n'ayant qu'une pensée? Pourquoi n'était-il point chez lui, penché sur son travail, l'esprit libre, le front calme et le cœur tranquille? Alors Claude adopta tout à coup un nouveau système : il voulut parlementer avec sa passion naissante, il s'efforça de la réduire aux proportions banales d'un caprice; il en était déjà arrivé à établir des nuances et à les comprendre. Il se complut dans cette assurance fanfaronne et accepta du premier coup cette brutale pensée. Quatre ou cinq heures après avoir refusé niaisement d'embrasser une femme sur le front, il sautait du haut en bas de l'échelle des concessions. Étrange faiblesse! amour-propre étrange! il ne voulait point avouer un sentiment, et se réfugiait dans un désir. Mais un incident imprévu vint subitement troubler l'assurance fanfaronne au milieu de laquelle il se complaisait depuis un moment; son regard, qui errait vaguement, fut attiré par un nom qu'il venait d'apercevoir au milieu de diverses inscriptions faites au crayon, ou avec la pointe d'un couteau, sur le piédestal de la statue de Velléda, auprès de laquelle il était assis. Claude s'approcha et lut sur le marbre l'inscription suivante, inspirée sans doute par la rancune ou le dépit d'un galant évincé:

>Pédante comme un docteur,
>Sentimentale et coquette,
>Frétillon maigre et sans cœur,
>*Ecce* Mariette.
>
>Signé GEORGE. Mardi, juin 184..

Claude, après avoir lu ces vers, tira brusquement de sa poche son mouchoir, dont il mouilla l'un des coins avec de la salive, et effaça le quatrain.

éprouvé une douleur réelle, envenimée encore par une jalousie rétrospective, en voyant le nom de Mariette livré ainsi au regard des curieux; mais, en réfléchissant, il ne tarda point à comprendre que l'action qu'il venait de faire lui donnait un démenti à lui-même, et en effet, s'il n'était point amoureux de Mariette et n'éprouvait pour elle que le sentiment de convoitise qui s'éteint avec la satisfaction du désir, que lui importait le passé de cette fille et que lui importait son avenir? Cette réaction eut pour résultat de démontrer à Claude qu'il était, au contraire, épris de Mariette justement dans les conditions qui lui seraient le plus défavorables pour se faire écouter d'elle, puisqu'elle lui avait déclaré ne vouloir plus accepter aucun attachement sérieux. Et lui-même, d'ailleurs, n'avait-il pas sous les yeux l'exemple de Fernand pour le faire reculer devant cet amour dont le début le menaçait d'une infortune peut-être pareille à celle de ce jeune homme, et n'était-ce pas le moment ou jamais de tirer de cet exemple même le profitable enseignement qu'il se donnait encore la veille pour prétexte? Claude y pensait bien : il rassemblait dans son esprit tout ce qui s'était passé entre lui et Mariette; mais il ne savait à quoi se résoudre, et demeurait comme anéanti devant la révélation si prompte et si impérieuse d'un sentiment qu'il n'avait plus la force de combattre. Quoi ! c'était bien lui, Claude, qui était amoureux de Mariette après ce qu'il savait d'elle, après ce qu'elle lui avait dit elle-même ! Eh bien ! oui, c'était lui, et cela devait être. Dans l'ordre moral aussi bien que dans l'ordre physique, toute compression détermine un éclat. Les passions les plus vives sont ordinairement les plus contenues. La résistance qu'on leur oppose leur donne des forces nouvelles. Sages et prudentes peut-être, si on les eût abandonnées à leur essor naturel, elle deviennent aveugles et insensées quand on les force de conquérir leur liberté par la violence. L'éducation quasi-monastique que Claude avait reçue, s'ajoutant à certains préjugés exagérés, comme le sont presque toujours les appréciations des gens qui jugent les choses et les hommes plutôt d'après le ouï-dire d'autrui que d'après leur expérience personnelle, avait imbu son esprit de terreurs puériles. On se rappelle ses soins, ses précautions en arrivant à Paris : c'était là, aussi bien que dans la comédie, autant de précautions inutiles. Cette vie de solitude absolue, cette perpétuelle absorption de la pensée dans l'atmosphère d'une raison sèche était à la fois plus et moins que de la sagesse. C'était peut-être, sans que Claude s'en doutât lui-même, une révolte contre la loi humaine. Quoi ! il avait vingt ans, l'âge des rires, des désirs et de l'enthousiasme, l'âge rapide où le cœur dit si facilement *credo* à toutes les chimères et à toutes les illusions séductrices ; il avait devant lui cette vingtième année, terre promise des adolescents, et il refusait d'y entrer. Où la nature disait : amour, plaisir et bonheur, il répondait : *devoir !* Il fermait sa fenêtre au soleil et son âme à la rêverie, et ne trouvait pas de meilleur emploi de son temps, comme dit le poëte, que de donner à son front la couleur de son livre jaune. Fausse et dangereuse morale. — Non, ce n'est pas le devoir. — Non, ce n'est pas la sagesse, — et ce n'est pas la religion. — C'est l'impiété, presque. La nature a mis dans tous les êtres des sentiments dont ils n'ont pas le droit d'arrêter le développement, quand l'heure est arrivée. — Si le suicide est un crime, l'homme qui attente à l'œuvre divine en détruisant son corps n'est pas plus coupable que celui qui se met volontairement en marge de la vie en étouffant le germe des passions que Dieu a déposées en lui : l'attentat est le même et le sacrilége est égal. — Si c'était ici le lieu et le moment, on pourrait s'étendre plus longuement et démontrer tout ce qu'il y a de vicieux dans ces préceptes d'une orthodoxie hypocrite, et ce qui se cache d'immoralité réelle, au fond de cette morale de convention, — qui conseille à l'homme la négation de ses facultés natives et le dédain ou le mépris des sentiments qui sont sa seule raison d'être. — Malheureusement, ces étranges résolutions, qui ont leur source dans l'ignorance, dans la peur ou dans l'orgueil, cette espèce de refus d'impôt du cœur à des passions qui sont les ressorts de l'humanité, ne sont pas de longue durée. La nature méconnue prend sa revanche tôt ou tard, et en arrivant sous certaines latitudes de la jeunesse, — les tempéraments les plus inertes en apparence finissent par s'amollir sous la flamme de l'immortel rayon ; — de même que la cire qui fond sur les vaisseaux quand ils approchent certaines régions de l'équateur. En adoptant ce singulier système de résistance, Claude ignorait une chose : c'est que le meilleur et le plus puissant préservatif contre la passion, c'est la passion même. En s'enfermant dans son isolement, s'il avait laissé plus souvent pénétrer entre lui et l'étude le souvenir de sa fiancée, au lieu de le consigner à sa porte comme il l'avait presque fait, nul doute que cet amour l'eût défendu contre tout autre ; mais, on se le rappelle, il s'était au contraire efforcé de l'oublier : il avait regretté de s'être abandonné un moment au charme enivrant de l'heure des adieux, aux chastes caresses qui avaient été comme le sceau du premier aveu, et, quand il y songeait, il se demandait s'il n'avait pas été un peu loin avec la fille du docteur, et s'estimait presque un séducteur, parce qu'il avait serré un peu tendrement la main de sa fiancée avant de lui avoir passé au doigt l'anneau qui devait la faire sa femme. Avec de pareilles idées, il était bien évident que Claude devait tomber amoureux de la première coquine avec laquelle il passerait seulement une heure. Ce n'était que l'affaire du temps et de l'occasion, et, pour Claude, l'occasion était venue.

Cependant la chaleur de cette journée torride était tombée peu à peu, et quelques promeneurs commençaient à se montrer dans le jardin; l'horloge du palais, qui sonna tout à coup, fit lever la tête à Claude, et le tira pour un moment de sa rêverie. Il s'aperçut que l'heure à laquelle on dînait ordinairement à son hôtel était passée depuis longtemps. Toute une demi-journée s'était presque écoulée depuis qu'il était plongé dans ses perplexités, faisant tout ses efforts pour détacher de son esprit la pensée qui s'en était emparée, et sans cesse y étant ramené.

Comme il venait de se lever de sa chaise, tourmenté subitement par un besoin de mouvement, deux jeunes gens passèrent devant lui en se tenant par le bras, et l'un d'eux fit un geste comme pour saluer Claude. C'était l'interne du médecin dont Claude suivait la clinique à la Charité. Claude lui avait machinalement rendu son salut, et avait déjà été dépassé par lui, lorsque l'interne revint brusquement sur ses pas comme un homme qui se ravise, et s'approcha de Claude :

— Pardon, lui demanda-t-il, n'êtes-vous point venu à la Charité aujourd'hui?

— Oui, répondit Claude; seulement j'avais affaire, et je n'ai pu venir qu'un peu tard, aussi ai-je manqué la clinique. Est-ce que vous avez eu besoin de moi?

— Non, répondit l'interne; mais il est arrivé tantôt un événement qui a mis toute notre salle sens dessus dessous, et, quand je vous ai rencontré tout à l'heure, m'étant rappelé vous avoir vu causer hier avec le numéro 10, j'ai pensé que vous pourriez peut-être connaître la cause qui l'a poussé à se suicider.

— Quoi! s'écria Claude en interrompant le jeune homme, Fernand! C'est de lui que vous parlez?

— Fernand, oui; c'est en effet le nom que j'ai vu sur la pancarte. Eh bien ! il vient de s'empoisonner avec du laudanum pris dans la bouteille destinée aux pansements ; c'est justement une heure ou deux après que vous l'avez quitté, car la sœur de service m'a désigné un jeune homme avec lequel le numéro 10 a causé longtemps dans la journée, et, au portrait qu'elle m'a fait, j'ai cru vous reconnaître.

— C'était moi en effet, répondit Claude épouvanté. Est-ce qu'il est mort?

— Pas encore, mais il n'en vaut guère mieux, dit l'interne avec l'insouciance des gens chez qui le spectacle journalier de la mort a presque anéanti toute sensibilité. Est-ce que vous savez pourquoi il a voulu se tuer ?

— Non, balbutia Claude, je ne connais pas ce jeune homme; comme il ne pouvait point sortir, il m'avait chargé d'une commission dans la ville ; je l'ai faite, et lui ai porté la réponse tantôt... Tout ce que je sais, c'est qu'il avait beaucoup d'ennui et de chagrin.

— Affaire de femme, hein? demanda l'interne.

— Je l'ignore, reprit Claude. Cependant, quand je l'ai quitté, il paraissait moins souffrir.

— Eh bien ! avant peu, il ne souffrira plus du tout, sans doute.

— Quoi ! fit Claude, il n'y a véritablement pas d'espoir de le sauver ?

— D'après les calculs de l'infirmier, qui savait à peu près le compte de ses gouttes, il a dû en prendre une dose capable d'assommer un bœuf. C'est dommage, c'était un garçon assez gentil. Je ne puis pas me rappeler où diable je l'ai vu avant de le rencontrer dans mon service ; mais pour sûr sa figure ne m'était pas inconnue. Venez-vous avec nous prendre un verre de bière ? ajouta l'interne en passant son bras sous celui de Claude ; mais celui-ci se dégagea.

— Non, merci, dit-il ; j'ai affaire dans le quartier.

— A demain donc, fit l'interne, qui s'éloigna tranquillement avec son ami.

Claude, resté seul, demeura tout étourdi de la nouvelle qu'il venait d'apprendre. Après avoir hésité un moment, il prit sa course et sortit du jardin. Dix minutes après, il était dans l'escalier de Mariette. Il frappa à la porte, on ne répondit pas ; il frappa plus fort sans qu'on lui ouvrît.

— Mariette, murmura-t-il en collant sa tête contre la serrure, c'est moi, Claude : ouvrez. — Mais cette fois encore il ne reçut pas de réponse. Comme il appelait de nouveau, une voisine ouvrit la porte et parut sur le carré.

— Qui demandez-vous ? dit-elle à Claude.

— Mlle Mariette.

— Je crois qu'elle ne loge plus ici ; je l'ai vue descendre dans la journée avec un commissionnaire qui portait des malles. Le portier vous dira peut-être sa nouvelle adresse.

Claude remercia la voisine et descendit à la loge du portier.

— Mlle Mariette n'a point dit où elle allait, lui fut-il répondu ; mais la femme du concierge ajouta :
— Le commissionnaire qui est en face, près du marchand de vin, le sait peut-être ; c'est lui qui a fait son déménagement.

Claude descendit dans la rue, aperçut l'homme qu'on lui avait indiqué, et qui fit d'abord la sourde oreille aux renseignements qu'on lui demandait ; mais une pièce de monnaie qu'il sentit couler dans sa main le fit parler. Mariette logeait actuellement rue de Vaugirard. Claude y courut. Mariette était chez elle. Cette fois Claude ne prit point la peine de frapper, il trouva la clef sur la porte et il entra. Mariette était seule, occupée à se tirer la bonne aventure avec un jeu de cartes étalé devant elle. Dérangée par le bruit que Claude avait fait en entrant, elle se leva brusquement et regarda le jeune homme avec surprise.

— C'est vous ? lui dit-elle durement.

— C'est moi, fit Claude en s'asseyant sans qu'on l'en eût prié.

— Vous êtes sans gêne, fit Mariette ; où avez-vous vu qu'on entrait chez une femme sans frapper ? Les cartes ont bien raison, elles m'annonçaient tout à l'heure la visite d'un homme de campagne. Il faut en effet être bien paysan pour avoir si peu d'usage. Qui vous a dit que vous me trouveriez ici ? demanda-t-elle sur un autre ton.

— Qu'importe ? fit Claude, je l'ai su.

— Et pourquoi donc me poursuivez-vous ?... qui vous l'a permis ?..... êtes-vous sûr de ne pas me gêner ?

— Gênér ! Comment ? fit Claude.

— Enfin, dit Mariette, que savez-vous ?... que me voulez-vous ? ajouta-t-elle en frappant du pied. Est-ce que vous avez oublié quelque chose chez moi tantôt ?... votre montre, votre canne ?... Je n'ai rien trouvé, je vous en préviens.

— Marianne, fit Claude, j'ai à vous parler, asseyez-vous.

— Je ne m'assieds pas ; je suis lasse d'être assise... On meurt de chaleur ici, reprit la jeune fille en allant lever sa jalousie.

— J'ai à vous parler, dit Claude gravement.

— Eh bien! vous avez une bouche, et j'ai des oreilles... je vous écoute. Soyez bref, j'ai à sortir.

— Et vous allez?.....

— Je vais au bal.

— Marianne, reprit Claude, c'est impossible, vous n'irez pas au bal ce soir.

— Ah çà! monsieur Bertolin, de quoi vous mêlez-vous, s'il vous plaît? fit la jeune fille avec une impatience souverainement impertinente. Est-ce que vous prétendriez me faire la loi chez moi, où vous êtes entré aussi brutalement qu'un huissier qui vient saisir?

— Depuis que je vous ai quittée, il s'est passé bien des choses, reprit Claude, et c'est pourquoi j'ai cherché après vous; car, sans cela, quel prétexte aurais-je eu pour me présenter chez vous? ajouta-t-il naïvement.

— En effet, dit Mariette, c'est ce que je me suis demandé en vous voyant... Que s'est-il passé? qu'est-il arrivé?

— Un grand malheur.

— Un malheur? répéta Mariette. Et, jetant un regard sur le jeu de cartes étalé sur la table, elle ajouta avec un accent de conviction : C'est donc cela qu'il y avait tant de pique dans mon jeu... Mauvaise nouvelle, apportée à la nuit, dans ma maison; par un homme blond... vous êtes châtain-clair, c'est vous.

— Ne riez pas, Mariette, vous vous en repentiriez, fit Claude gravement.

— Oh! je ne ris pas, dit Mariette, qui était en effet très-sérieuse. Eh bien! reprit-elle en levant les yeux sur Claude, parlez donc.

— Eh bien! celui dont nous parlions ce matin n'a pas eu le courage de supporter la fausse nouvelle que je lui avais apportée.

— Fernand! s'écria Mariette.

— Fernand, reprit Claude, il s'est empoisonné... dans la journée...... je viens de l'apprendre tout à l'heure, et par hasard.

Il n'avait pas achevé cette révélation que Mariette était tombée à la renverse sur sa chaise.

— Fernand, Fernand! s'écria-t-elle en se cachant la tête dans les mains..... Mon ami! mon pauvre ami!

— Mais vous l'aimez donc encore? fit Claude, qui se sentit troublé par cet élan de tendresse et le cri de douleur presque passionnée qui venait de s'échapper des lèvres de Mariette. Celle-ci ne répondit pas : elle était évanouie.

Presque au même instant, une jeune femme élégamment vêtue entra dans la chambre en sautillant. Comme la nuit était venue, elle n'aperçut point d'abord Mariette, qui était restée sans connaissance étendue sur sa chaise.

— Es-tu prête, Mariette ? s'écria-t-elle, la voiture est en bas. — Mais, s'étant aperçue de l'état où était sa camarade, elle s'arrêta brusquement, jeta un regard rapide sur Claude et l'aida, sans lui rien demander, à donner des soins à Mariette, qui, au bout de quelques instants, ouvrit les yeux et put articuler quelques paroles.

— Vous aviez raison, monsieur Claude, lui dit-elle à voix basse, je n'irai pas au bal ce soir.

— Nous irons un autre jour, dit son amie.

— Jamais, murmura Mariette en regardant Claude avec des yeux noyés de larmes.

Claude la quitta au bout de quelques instants, en lui promettant de revenir le lendemain.

Un soir du mois de septembre, environ trois mois après la scène que nous venons de raconter, Claude Bertolin, surpris par un orage violent qui venait d'éclater, s'était réfugié dans un café du quartier latin, où il demeurait toujours. Près de la table où il était assis, deux jeunes gens causaient, et quelques mots de leur conversation éveillèrent la curiosité de Claude, qui écouta leur entretien tout en feignant de lire un journal.

— Oui, mon cher Édouard, disait l'un d'eux, j'étais sûr que cela te paraîtrait incroyable, et cependant c'est comme cela.

— Et depuis quand? demanda l'autre jeune homme sur le ton de la plus profonde surprise.

— Depuis environ trois mois. Au reste, la dernière fois que je l'ai vue, elle semblait déjà méditer quelque grave résolution. Il courait alors une assez méchante histoire sur son compte : on prétendait qu'un jeune homme, nommé Fernand, avait failli s'empoisonner dans l'hôpital où il était, en apprenant que Mariette s'était sauvée avec un de ses voisins, deux heures après l'avoir vu au moment de rendre le dernier soupir.

— Ah! fit Édouard, sans cœur! c'est bien la même femme que j'ai connue jadis !

— C'est égal, répliqua l'autre jeune homme, c'était une réjouissante créature. Quand elle était en face d'une bouteille vide ou pleine, elle faisait des professions de foi à donner la chair de poule à Satan lui-même. Au reste, elle ne nous aimait guère, nous autres étudiants, et elle ne se gênait pas pour nous le dire.

En ce moment, un jeune homme tout ruisselant de pluie entra dans le café, et s'approcha vivement des deux personnes dont Claude écoutait la conversation, en manifestant une grande surprise.

— Comment, Édouard! c'est toi? s'écria-t-il en serrant la main de l'un des jeunes gens, est-ce que tu reviens à Paris? nous restes-tu longtemps?

— Je repars dans deux jours, répondit Édouard; je suis venu accompagner mon futur beau-père et ma prétendue.

— Tu te maries?

— Hélas! et quand je dis hélas, j'ai tort : une jeune fille charmante, dont je suis parfaitement amoureux. Je l'épouse dans un mois, dans deux je serai notaire, et on m'appellera *mon cher maître*. Depuis trois jours que je suis ici, je paye mes dettes. Le premier jour, cela m'a amusé de voir toutes ces additions vivantes saluer les écus du sac paternel. Ah! c'est dommage de s'en aller, quand on a encore une fois vingt mille francs de crédit à l'horizon.

— Et tu ne vas pas faire un peu tes adieux à la vie de garçon avant d'aller t'asseoir à perpétuité au foyer conjugal? Ah! mais, au fait, je savais bien que j'étais venu ici pour quelque chose, s'écria le jeune homme qui venait d'entrer : je viens de faire une rencontre qui te concerne, Édouard; devine un peu qui je viens de rencontrer.

— Qui donc? parle! demandèrent à la fois Édouard et l'autre jeune homme.

— Mariette, mes enfants, la belle Mariette elle-même! et quand je dis elle-même, j'ai tort, car ce n'est plus elle.

Claude écouta avec plus d'attention.

— Mariette! s'écria Édouard.

— Ah! dit l'autre, tu penses encore à elle. Au fait, c'était ton élève, elle t'a fait honneur.

— Eh bien! demanda l'autre étudiant, lui as-tu parlé? Que devient-elle et que fait-elle? Pourquoi nous a-t-elle abandonnés si brusquement? Est-elle baronne, marquise ou duchesse?

— Rien de tout cela. Devinez ce qu'elle est actuellement? C'est fabuleux : elle est sauvage. Quand je vous disais que c'était à ne pas y croire! Figurez-vous qu'elle n'a pas voulu me reconnaître. Mon Dieu! oui; elle a eu l'aplomb de me dire qu'elle ne me connaissait pas. En voilà une qui n'a pas la mémoire du cœur, car enfin ce n'est pas pour te faire de la peine, Édouard, mais j'ai été aussi l'un des saints de son calendrier.

— Et tu ne soupçonnes pas ce qu'elle peut faire? demanda Édouard.

— Je ne soupçonne pas, répondit l'autre, je suis sûr.

— Eh bien.

— Mariette travaille.

— Comment sais-tu cela, puisque tu ne lui as pas parlé?

— Je l'ai rencontrée rue Richelieu; elle sortait d'une maison toute pleine d'ateliers de lingères, de marchandes de modes. C'était l'heure où les ouvrières quittent leur ouvrage, et Mariette avait sous le bras le petit cabas de tradition qui signale la grisette.

— Il fallait la suivre, dit l'autre étudiant.

— Tu aurais su où elle demeure, ajouta Édouard.

— J'y ai pensé; mais la petite finaude aura sans doute deviné mon intention en voyant que je la suivais : arrivée à la Bourse, elle est montée dans un coupé qui stationnait sur la place, et je n'ai plus rien vu. Qu'est-ce que vous pensez de cela?

— Pourrais-tu m'indiquer précisément la maison d'où tu as vu sortir Mariette? demanda Édouard au jeune homme.

— C'est à côté d'un grand magasin de nouveautés, et juste en face l'Hôtel des Princes.

— C'est bien, dit Édouard. Messieurs, ajouta-t-il, vous me demandiez tout à l'heure si je ne comptais point faire mes adieux à la vie de jeune homme; je n'y songeais pas, mais ce que je viens d'apprendre m'en donne presque le désir. J'ai passé jadis, vous le savez, pour un *irrésistible;* mais depuis si longtemps que je n'ai pratiqué, je me serai rouillé sans doute. Je veux savoir où j'en suis, et c'est Mariette elle-même que je choisis pour faire cette épreuve. Cette conversion mystérieuse me pique au jeu; ce sera ma séduction de retraite.

— Mais, dit l'un des jeunes gens, en supposant que tu réussisses, qu'est-ce qui pourra nous le prouver?

— Comment t'y prendras-tu? ajouta l'autre.

— Que vous importe? répliqua Édouard. Si demain soir vous me voyez arriver au bal avec Mariette à mon bras, me croirez-vous?

— Oui, mais prends garde à toi, dit en riant l'un des jeunes gens. Mariette est fille à te faire glisser sur le bord de ton contrat de mariage.

— Oh! n'ayez point peur, répondit Édouard, c'est une expérience que je veux faire.

— C'est que tu n'as pas été heureux jadis dans les expériences que tu voulais faire avec elle.

— C'est moins pour moi que pour vous que je travaille, messieurs, dit Édouard. Je m'engage à ramener toute une soirée Mariette au milieu de vous; quand elle s'y trouvera, ce sera à vous de la retenir.

— Au succès de ton entreprise! répondirent les nes gens en choquant leurs verres.

Claude appela le garçon, paya ce qu'il devait et sortit brusquement du café. Dix minutes après, il était rentré chez lui. Depuis trois mois, l'étudiant n'habitait plus le triste hôtel de la place Saint-Sulpice; il logeait dans une des rues tranquilles du quartier Vaugirard, où il avait trouvé à louer en garni une petite chambre dont les fenêtres s'ouvraient sur le magnifique horizon des campagnes voisines. Comme il mettait la clef dans sa serrure, une jeune femme parut sur le seuil d'une chambre voisine de la sienne. C'était Mariette.

— C'est vous, mon ami. Entrez donc chez moi; j'ai de bonnes nouvelles à vous donner.

— Moi aussi, Mariette, répondit Claude, j'ai à vous parler. — Et il entra dans la chambre de la jeune fille.

— Comme vous rentrez tard ce soir! lui dit-elle; il est presque dix heures.

— J'ai été retenu par le mauvais temps, répondit Claude d'un air embarrassé ; mais vous, Mariette, que vous est-il donc arrivé? Vous paraissez toute joyeuse ce soir. Est-ce que vous avez fait une bonne rencontre? ajouta-t-il en observant la jeune fille.

— Que voulez-vous dire? fit Mariette. Je n'ai fait aucune rencontre ni bonne, ni mauvaise. Je suis joyeuse, c'est vrai, mais c'est parce que j'ai une heureuse nouvelle à vous apprendre.

— Qu'est-ce donc? demanda Claude.

— Eh bien, dit Mariette, voici ce qui arrive. L'une des premières demoiselles du magasin où je travaille quitte la maison, et on m'a proposé de la remplacer. Une telle place était le but de mon ambition, mais je n'espérais pas sitôt la réaliser. Ai-je assez de bonheur en aussi peu de temps!

— Et vous acceptez? demanda Claude.

— Si j'accepte! pouvez-vous me le demander, mon ami? Mais songez donc, c'est une position qui assure mon avenir, un avenir sûr, honorable, que je puis espérer, grâce à vous, qui m'avez retirée de l'abîme où j'étais.

— Mais, demanda Claude, les exigences de cette place vous forceront sans doute à quitter cette maison?

— Certainement, répondit Mariette, sans remarquer l'inquiétude visible avec laquelle Claude attendait sa réponse, je serai logée au magasin. Oh! on me fait des conditions si belles, que j'avais d'abord peine à y croire. Figurez-vous, je l'ai déjà calculé, je pourrai mettre de côté trois ou quatre cents francs par an, et je serai augmentée. Mais qu'avez-vous donc, mon ami ? vous paraissez triste. Moi qui espérais vous voir si heureux du bonheur qui m'arrive, et dont vous êtes l'auteur ! Voyons, Claude, quel chagrin avez-vous ?

— Que voulez-vous ? dit Claude. Je me fais difficilement à cette idée, que vous allez quitter cette maison et que j'y resterai seul. J'étais habitué à vous entendre chaque matin, quand vous alliez à votre ouvrage ; j'étais habitué à vous voir un instant chaque soir.

— Mais, mon ami, reprit Mariette, ce n'est point une séparation. J'aurai tous les quinze jours une journée de liberté qui vous sera consacrée. N'êtes-vous pas mon seul ami, maintenant ? ne vous dois-je pas d'être redevenue une honnête fille ? Et d'ailleurs voici l'époque qui arrive où, de toutes façons, nous eussions été forcés de nous quitter. Vous allez retourner dans votre famille : le temps que vous passerez là-bas vous sera un apprentissage de notre séparation, et quand vous reviendrez, étant déjà habitué à ne plus me voir tous les jours, votre solitude vous sera moins pénible. Ah ! moi aussi, je m'ennuierai bien dans les commencements : votre bonjour du matin et votre bonne nuit de chaque soir me manqueront; mais je penserai à vous. Ah! mais, à propos, s'écria Mariette, étourdie que je suis, j'ai une lettre pour vous, que le portier m'a remise en montant, car il s'obstine à me donner vos lettres. C'est de votre oncle sans doute, acheva Mariette en remettant la lettre à Claude.

— Non, répondit le jeune homme après avoir lu

— De qui donc alors? fit Mariette.

— Lisez, lui dit Claude en lui mettant la lettre ouverte dans les mains.

— Pourquoi? — fit Mariette étonnée. Elle prit néanmoins lecture de la lettre sur une nouvelle invitation de Claude. — Ah! dit-elle en riant, après avoir achevé, je ne m'étonne plus maintenant que vous soyez si sage, mon ami; vous aimez là-bas, et là-bas on vous aime. Pauvre Angélique! elle va être bien heureuse quand elle vous verra arriver! Je me rappelle l'avoir vue à l'époque où son père soignait ma pauvre mère défunte : c'était une ravissante petite fille, ce doit être une belle personne. Mais savez-vous, dit-elle, que c'est fort mal à vous d'obliger votre fiancée à se rappeler à votre souvenir? Cette lettre m'a émue moi-même. Je croyais que vous écriviez tous les quinze jours à votre oncle et au docteur.

— Depuis trois mois, répondit Claude, j'ai écrit très rarement.

— Il faut répondre à cette lettre, dit Mariette d'une voix un peu troublée ; le père d'Angélique vous le demande presque dans les quelques lignes qui accompagnent les tendres reproches de sa fille, inquiétée par votre silence. Vous avez été bien discret avec moi, Claude, ajouta Mariette, j'ignorais cette passion. Il faut répondre à Angélique.

— Non, dit Claude.

— Non ? pourquoi ?

— Parce que je ne sais pas mentir, dit le jeune homme.

— Pourquoi mentir ? demanda Mariette.

— Je n'aime pas Angélique, dit le jeune homme en prenant dans ses mains la main de Mariette.

— Mais vous l'avez aimée ?

— Je n'en sais rien véritablement ; en tout cas, je ne l'aime plus.

Il y eut un moment de silence entre les deux jeunes gens : Mariette n'osait lever les yeux, et Claude avait baissé les siens. Pendant ces cinq minutes de silence, ils s'étaient dit tout ce qu'ils avaient à se dire.

— Claude, mon ami, il est tard, dit la jeune fille

en retirant sa main, que le jeune homme avait gardée dans la sienne : rentrez chez vous ; nous nous reverrons demain.

— Mariette, dit celui-ci, avant de vous quitter, j'ai quelque chose à vous dire, et c'est précisément à cause de cela que tout à l'heure je vous ai demandé si vous n'aviez rencontré personne.

— Que voulez-vous dire? dit Mariette en rougissant un peu.

— Vous m'avez répondu non, et cependant je savais le contraire.

— Comment avez-vous su? dit la jeune fille avec curiosité.

Claude lui raconta ce qu'il avait entendu au café. Au nom d'Édouard, il avait remarqué que Mariette avait tressailli.

— Je vous remercie de m'avoir prévenue, dit Mariette, j'agirai en conséquence. Demain et après, je n'irai pas à mon travail.

— Mais pourquoi n'aviez-vous pas voulu m'avouer que vous aviez rencontré ce jeune homme que j'ai vu au café ?

— Je craignais que cela ne vous forçât à songer au passé, répondit Mariette à voix basse.

— Vous aviez donc deviné ? s'écria Claude.....

— Avant vous, répondit-elle avec une charmante coquetterie.

Ils se serrèrent la main une dernière fois, et Claude rentra dans sa chambre. Il ne pouvait dormir, et passa une partie de la nuit à regarder les étoiles : ce fut seulement au jour levant qu'il se mit au lit, attendant avec impatience l'heure où il reverrait Mariette. Celle-ci non plus ne s'était pas couchée ; elle avait passé debout toute une partie de la nuit. Elle relut plusieurs fois la lettre que la fille du docteur Michelon avait écrite à Claude, et demeura rêveuse après chaque lecture. Un grand combat s'engagea alors dans elle-même. L'aube naissante, qui vint éclairer sa petite chambre, la surprit dans la même attitude où Claude l'avait quittée ; elle essuya quelques larmes qui avaient coulé le long de ses joues, et se leva brusquement en faisant un geste de résolution douloureuse. — Elle avait pris son parti.

Quand vint l'heure où elle se rendait chaque jour à son ouvrage, elle sortit comme d'habitude, malgré la promesse qu'elle avait la veille faite à Claude de ne pas travailler. Celui-ci, fatigué de sa longue veille, dormait quand Mariette quitta sa chambre avec toutes sortes de précautions pour n'être point entendue. Contre son habitude, elle s'était mise en toilette. En passant devant la porte du jeune homme, elle s'arrêta un instant comme si elle hésitait.

— Comme il va souffrir! dit-elle; allons, du courage! — Et, après avoir murmuré un adieu étouffé à celui qui ne pouvait l'entendre, elle descendit rapidement l'escalier.

En approchant de la maison où était son magasin, elle aperçut de loin un jeune homme qui se promenait devant la porte.

— C'est lui! dit-elle en reconnaissant Édouard; heureusement qu'il est venu! Elle ralentit le pas un instant, comme arrêtée par de nouvelles hésitations, puis elle reprit brusquement sa marche. Une minute après, elle était en face d'Édouard. Elle feignit une grande surprise en le voyant.

— Mariette, lui dit le jeune homme, je savais te trouver ici. Dans deux jours je quitte Paris. Je vais me marier; nous ne nous reverrons plus jamais. Avant de nous quitter, veux-tu oublier pour un jour le mal que nous nous sommes fait l'un et l'autre, et revivre ensemble pour quelques heures, de la vie d'autrefois, quand tu t'appelais Marianne?

— Oui, je le veux bien, répondit celle-ci en détournant les yeux.

Une voiture passait, Édouard la fit arrêter et y monta avec Mariette.

— Nous allons ?... dit le cocher.

— Je vous prends pour la journée, répondit Édouard ; nous allons à Fontenay-aux-Roses.

Deux heures après, Claude Bertolin venait demander Mariette à son magasin.

— Nous ne l'avons pas vue aujourd'hui, répondit la maîtresse, très-étonnée de voir un jeune homme.

Toute la journée, Claude fut comme un fou. A huit heures du soir, il se rappela le pari qu'il avait la veille entendu faire par Édouard, et il se rendit au bal, dans un jardin fréquenté par les étudiants, et où il n'était jamais allé. Il n'avait point fait dix pas dans ce jardin qu'il aperçut Mariette ; elle dansait vis-à-vis d'Édouard. Claude voulut s'approcher ; mais une muraille humaine s'était formée autour du quadrille où dansait la jeune fille. De tous côtés, Claude entendait les étudiants qui se disaient les uns aux autres : —Tu ne sais pas, Mariette est revenue !

A la fin de la danse, un grand tumulte s'éleva dans et Claude fut forcé de se retirer dans les contre-allées. Tout à coup il vit passer devant lui, au milieu de cris et d'éclats de rires, un groupe de jeunes gens, parmi lesquels se trouvaient ceux qu'il avait vus la veille au café; ils portaient Mariette en triomphe; les bouquets pleuvaient sur elle de toutes parts. Au moment où elle passait devant Claude, elle l'aperçut collé contre un arbre, et partit d'un grand éclat de rire : l'éclat de cette joie insolente, qui ne respectait pas sa douleur, porta une blessure profonde au cœur du jeune homme. Il jeta un dernier regard sur Mariette, que tout le bal poursuivait de ses acclamations, et disparut en murmurant : — Perdue encore une fois !

Après avoir erré comme un fou, Claude rentra chez lui ; il avait hâte de se retrouver en face de Mariette; mais, en prenant sa clef chez le concierge, il ne put s'empêcher de pâlir en remarquant que la clef de Mariette était encore accrochée au clou qui lui était destiné, ce qui lui indiquait qu'elle n'était point rentrée. Il monta dans sa chambre, s'assit sur le pied de son lit, immobilisé dans une douleur affreuse. A minuit et demi il entendit des pas sur son carré — C'est elle, s'écria-t-il en allant ouvrir; mais il se trouva en face d'un garçon de café qui tenait une lettre à la main.

— M. Bertolin.

— C'est moi, dit Claude.

— Pour vous, dit le garçon en tendant la lettre, il n'y a pas de réponse ; — et il disparut.

Claude ouvrit rapidement le billet ; il était à peine cacheté, écrit au crayon, et ne contenait que ces mots :

« Oubliez-moi : j'ai revu Édouard, il reste à Paris.
» Adieu. »
Mariette.

Claude passa la nuit à faire ses malles. Le lendemain de grand matin il arrivait à *la Poule-Noire*. Le buraliste lui annonça qu'il n'y aurait point de place avant deux jours.

Le jeune homme courut aux messageries. Il obtint une place d'impériale pour le départ du soir. Pendant toute la journée, il erra dans le quartier latin, regardant à toutes les fenêtres des hôtels, entrant dans tous les cafés ; mais il ne rencontra pas celle qu'il voulait sans doute revoir encore une fois.

A six heures du soir il était en route pour la Bourgogne, et, le lendemain de grand matin, il arrivait à Joigny. La diligence de Lyon s'y arrêta un instant pour relayer. En prenant ses malles, Claude entendit une voix qui le fit tressaillir. Il détourna la tête et aperçut à la portière du coupé Édouard, qui appelait le conducteur pour lui demander quelque chose.

— Lui ! pensa Claude en reconnaissant l'ancien amant de Mariette, avec qui il avait fait le voyage sans s'en douter. Il quitte Paris... alors Mariette est libre... je la retrouverai !

Claude entra brusquement dans le bureau de la diligence de Lyon.

— Quand passe la voiture pour Paris ? demanda-t-il.

— Dans une heure, répondit l'employé.

— Croyez-vous qu'il y ait des places ?

— C'est probable, car à cette époque on s'en va plutôt de Paris qu'on n'y vient.

— C'est bien, dit Claude en donnant des arrhes ; gardez-moi une place n'importe où, je repars pour Paris.

— Tiens, fit le conducteur, qui avait entendu Claude, mon voyageur qui s'en retourne à Paris !

— Il aura oublié son mouchoir, répondit un palefrenier.

Il était grand matin, et les rues de la petite ville étaient désertes. Claude ne craignait pas d'être rencontré et reconnu ; il avait une heure à lui. Avant de retourner à Paris, où il serait le soir même auprès de Mariette, il voulut revoir au moins quelques instants les lieux où vivaient ceux qui l'aimaient tant et qu'il était au moment d'oublier. Bien enveloppé dans son manteau de voyage, qui lui montait jusqu'aux yeux, il se hasarda jusque dans les environs de la maison du docteur Michelon, dont toutes les fenêtres étaient fermées. La porte du jardin, qui donnait sur un petit clos, était entr'ouverte : Claude y pénétra doucement et éprouva une singulière émotion en se retrouvant dans ces lieux où si souvent il s'était promené avec Angélique ; il reconnut le vieux banc où son oncle l'abbé Bertolin et M. Michelon s'asseyaient après le dîner pour la causerie du soir. Toutes les figures de ces êtres bienveillants et chéris qui lui avaient fait la vie si douce, entourée de tant de soins et de sollicitude, revinrent à sa mémoire ; il les vit animer ce jardin tranquille, plein de frais murmures et de parfums qui l'enivraient. La fièvre qui l'avait agité pendant tout le voyage se calmait peu à peu, et une quiétude bienfaisante, qu'il semblait puiser dans l'air natal, rétablissait le calme dans ses esprits troublés. Il s'assit sur le banc et y demeura pensif pendant quelques instants. Tout à coup le bruit de la cloche annonçant l'arrivée de la diligence de Lyon, qui devait le remmener à Paris, se fit entendre au loin, Claude se leva pour regagner la station ; mais une force mystérieuse semblait le retenir, et il tomba sur le banc qu'il venait de quitter. Le galop des chevaux sur le pavé de la route vint de nouveau l'avertir qu'il n'avait plus de temps à perdre ; il se leva brusquement, et fit quelques pas dans le jardin ; mais, comme il tournait les yeux dans la direction de la maison, l'une des fenêtres s'ouvrit. Claude n'eut que le temps de se cacher derrière le tronc d'un gros arbre, et il aperçut alors Angélique, qui s'avançait sur le balcon. Claude hésita d'abord à la reconnaître, tant elle paraissait changée. La jeune fille regarda un instant autour d'elle ; puis, étendant la main vers la cime du platane qui montait au niveau du balcon, elle en cueillit une feuille qu'elle porta à ses lèvres.

Au même instant, la cloche du bureau de la diligence fit entendre un appel plus pressé et plus impératif ; mais cette fois Claude ne l'entendit pas. Il regardait Angélique qui donnait ses soins à des caisses de fleurs, déposées sur le balcon.

— Pauvre fille ! murmura-t-il, pourquoi suis-je parti d'ici ?

Puis, ayant cru entendre des pas, Claude fit un

bond en arrière pour se réfugier dans un fourré d'arbrisseaux dont le feuillage épais pouvait mieux le cacher. Il se disposait à escalader cette espèce de haie formant clôture, lorsqu'il sentit tout à coup sa jambe prise dans une espèce de piége à loup. La douleur qu'il ressentit dans le moment lui fit pousser un cri. Il essayait de se dégager ; mais il avait à peine tiré sa jambe hors du malencontreux engin, qu'une main vigoureuse l'empoignait au collet, et la grosse voix de M. Michelon s'écriait :

— Je vais donc enfin savoir quel est le maraudeur qui mange mes raisins ! — Et d'un revers de main il fit sauter le chapeau de Claude.

— Quoi ! c'est vous, mon gendre ! exclama le docteur ; que faites-vous chez nous si matin ?

Un cri partit de la terrasse. Angélique venait de reconnaître Claude. Au même instant, la diligence de Lyon partait pour Paris ; mais Claude ne se souvenait plus déjà qu'il avait donné des arrhes.

FIN.

TABLE

Chap.	Pages
I	1
II	21
III	31
IV	45
V	51
VI	59
VII	69
VIII	79
IX	131
X	159
XI	213
XII	251
XIII	281
XIV	313
XV	333

FIN DE LA TABLE.

www.ingramcontent.com/pod-product-compliance
Lightning Source LLC
Chambersburg PA
CBHW050756170426
43202CB00013B/2452